Einseitige Geschichten

von Max Kersting

EINSEITIGE GESCHICHTEN

MAX KERSTING

HATJE CANTZ

ÜBER'S SCHREIBEN

EINIGE MENSCHEN DENKEN ÜBER SICH, DASS SIE SCHREIBEN KÖNNEN* UND WEIL SIE GENAU DAS DENKEN, KÖNNEN SIE ES NICHT. IHRE TEXTE SIND IMMER MÜLL!
ANDERE MENSCHEN WIEDERUM DENKEN ÜBER SICH SELBST, DASS SIE NULL SCHREIBEN KÖNNEN UND WEIL SIE DAS DENKEN, KÖNNEN SIE ES EIGENTLICH ZIEMLICH GUT. SIE SCHREIBEN NUR HALT NICHT UND WENN SIE ES DOCH MAL TUN UND JEMAND SAGT „DAS IST GUT, DU KANNST SCHREIBEN" UND SIE DAS AUCH NOCH GLAUBEN, DANN HAT MAN DEN SALAT.
ICH VERSUCHE MICH DAZWISCHEN AUFZUHALTEN UND EMPFEHLE DAS AUCH IMMER MEINEN STUDENTEN UND STUDENTINNEN.

* WENN HIER VON „SCHREIBEN KÖNNEN" DIE REDE IST, MEINE ICH DASS SIE ETWAS SCHREIBEN KÖNNEN, DAS MICH BERÜHRT UND MEHR ALS SCHRIFT IST.

Das Schönste an den *Einseitigen Geschichten*: dass sie unfertig sind. Denn alles Fertige versteckt, wie es entstanden ist und es tut so, als gebe es ausschließlich diese eine Möglichkeit. Das ist natürlich Quatsch, wird aber trotzdem immer behauptet.

Max Kersting macht es anders: er streicht Wörter, ganze Sätze, manchmal sogar den Anfang oder das Ende seiner Geschichten durch. Als Leserin versucht man dann trotzdem zu erkennen, was er da geschrieben hat. Wenn es einem gelingt (Max Kersting ist ein sehr guter Durchstreicher), merkt man, wie ein einzelnes Wort einen Satz verändern kann oder ein einzelner Satz eine ganze Geschichte. Man liest dann noch einmal, wiegt die Wörter gegeneinander ab und probiert im Kopf eine andere Betonung aus: geht beides, ist aber eine andere Geschichte.

Ich stelle mir vor, dass Max Kersting immer sein Notizbuch dabei hat, und wenn ihm unterwegs was einfällt, muss er unbedingt sofort stehen bleiben und manchmal rempeln ihn dann Rentner auf der Straße an, aber trotzdem muss er in seiner gewissenhaften Druckschrift weiterschreiben. Das Ungeschliffene ist selbst Teil der Geschichte. Ein anderer Max, nämlich Frisch, hat mal geschrieben, dass die Skizze eine Richtung hat, aber kein Ende. Das passt sehr gut auf *Einseitige Geschichten*, von denen manche Sujets für ganze Romane sein könnten und andere merkwürdige Mischformen aus Autograph, Anleitung zur Performancekunst und Text sind.

Wenn man Max Kersting liest, kann man ihm beim Denken zugucken. Das ist ein ermächtigender Ansatz und sympathisch, weil er sich nicht über seine Leser stellt und so tut, als wüsste er, wie der Hase läuft, sondern seine Zweifel offenherzig teilt: ich hab das jetzt mal so hingeschrieben. Aber es könnte immer auch ganz anders sein.

Fritz Habekuß, Juli 2020

ÜBERLEG ES DIR
GENAU. GANZ GENAU.
DANN RUF IHN AN.
NERV IHN NICHT.
RUF IHN NICHT NUR EINFACH
SO AN. DU MUSST VORHER
WIRKLICH GUT ÜBERLEGT
HABEN, SONST GIBT ES
100% EXTREMEN ÄRGER.
VIELLEICHT GEHST DU ERSTMAL
RAUS UND FÄLLST
DIE BÄUME.
DIE MÜSSEN NÄMLICH
WEG.

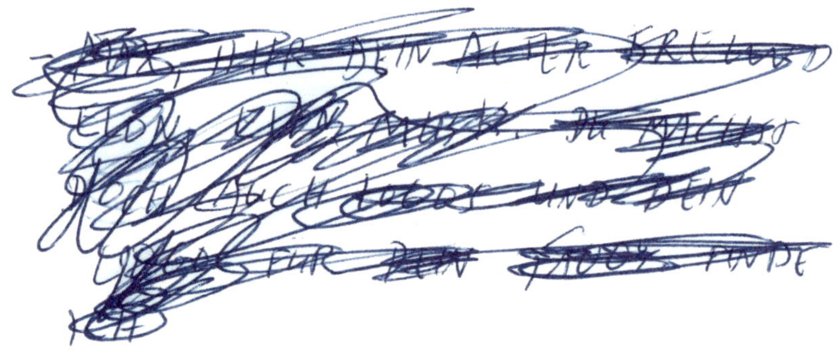

MAX, HIER DEIN ALTER FREUND ELON, ELON MUSK. MAX, ICH ARBEITE SO VIEL UND HART, KÜMMERE DICH BITTE UM EIN NEUES TESLALOGO. DAS ALTE NERVT. KÜMMERE DICH BITTE AUCH UM MEINE NEUE FREUNDIN DIE SÄNGERIN GRIMES. MAX, BITTE BEARBEITE BEIDE THEMEN HART. ICH MUSS WEITER

(EINE STUNDE SPÄTER ERREICHT MAX EINE WEITERE NACHRICHT)

MAX, BIN IM FLUGZEUG WICHTIGES MEETING MIT BILL ÜBER KOLONIE AUF DEM MARS, HAST DU ERSTE ERGEBNISSE? ES WÄRE SCHÖN, WENN MAN DA ~~IRGENDWIE~~ IRGENDWIE WAS ERFAHREN KÖNNTE

UNTER DER BETTDECKE
WACKELT SIE MIT
DEN FÜSSEN. OBWOHL
ICH AUF DEN TV
GUCKEN WILL MUSS
ICH AUF DIE BEWEGTE
BETTDECKE GUCKEN.
ICH BIN ERKÄLTET
UND BESTELLE ASPIRIN
COMPLEX PER KURIER.
ES IST DAS JAHR
2047. BALD IST
WEIHNACHTEN UND ICH
BRAUCHE NOCH EIN GESCHENK
FÜR SIE.

BITTE FRAG MICH
NIE WIEDER SO
EINEN MÜLL!

BITTE GEH MIR NIE
WIEDER SO AUF DIE
EIER WIE LETZTENS.

BITTE KOMM SOFORT
VORBEI UND MACH
MIR TOAST.

IN DER STRASSE IN
DER ICH AUFGEWACHSEN
BIN STEHT EIN SCHWARZES
HAUS. EINE KLINGEL HAT
ES NICHT. FENSTER ODER
TÜREN AUCH NICHT.
SEIT ICH DENKEN KANN
QUALMT
DER SCHORNSTEIN
OHNE
UNTERBRECHUNG UND DER
VORGARTEN IST IMMER
TOP GEPFLEGT.

DIE KERKERMEISTERIN

"WENN DU AUCH SÜFFELST
WIE EIN WAS WEISS ICH DENN",
SAGTE DIE KERKERMEISTERIN,
SPUCKTE IHM INS GESICHT
UND GING,
UM NACH DEN EINGEKERKERTEN
ZU SEHEN.
ALLE WAREN SIE NOCH
DA UND LAGEN IN IHREN
KETTEN. EINER STÖHNTE.
PLÖTZLICH KAM IHR IHRE
BEZIEHUNG AUCH VOR
WIE EIN KERKER.
ALSO MACHTE SIE DEN HEISSESTEN
DER EINGEKERKETEN BURSCHEN
LOS UND GING MIT
IHM DAVON. SIE BEREUTE
DAS MIT DEM SPUCKEN AM
ANFANG DER GESCHICHTE. ES
WAR UNNÖTIG
GEWESEN

WIR MÜSSEN NICHT MEHR TEILEN
WIR SIND EINS
KEIN DU UND ICH, KEIN WIR
WIR SIND EINS
KEIN UNS, KEIN ZWEI, KEIN DREI
WIR SIND EINS
GESTERN WAREN WIR VIELE
HEUTE EINS

PRESSE MITTEILUNG:

DER KÜNSTLER MAX KERSTING WOLLTE AM 23.3.2013 MIT EINER REISEGRUPPE VON FRANKFURT NACH INDIEN FLIEGEN UM DANN ÜBER OSTERN IM HIMALAYA 2 WOCHEN YOGA ZU MACHEN.

JETZT IST MAX KERSTING ÜBER OSTERN DOCH IN LIPPSTADT. WARUM?

DARUM: UM 15:20H IST MAX VON LIPPSTADT LOSGEFAHREN NACH FRANKFURT MIT DEM ICE. KURZ HINTER KÖLN, KURZ NACH DEM UMSTEIGEN, IST EINE ANGST-GLOCKE, DIE MAX MÜHEVOLL DIE LETZTEN WOCHEN WOHL UNTERBEWUSST AUFGEBAUT HATTE (ER HAT NUR NOCH WIE EIN ROBOTER GELEBT, GANZ OHNE GEFÜHLE), GEPLATZT UND ER IST IN ETWA SOWAS WIE VOR ANGST KOLLABIERT. DIE GESCHICHTE HAT NOCH EINIGE FACETTEN ABER NA GUT

LIEBES TAGEBUCH,

HEUTE, TAG 37 OHNE STROM.
AM LIEBSTEN WÜRDE ICH JETZT
~~ICH WÜRDE GERNE~~ GAME BOY
SPIELEN ABER PAPA SAGT,
WIR BRAUCHEN DIE BATTERIEN
~~[illegible] RADIO~~ FÜR DEN
RADIO WECKER.

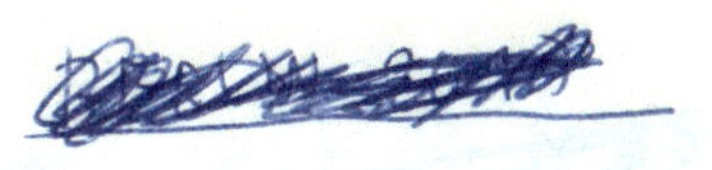

SIE GEHEN SPAZIEREN

WIR SEHEN SIE AN EINEM
KAFFEESTAND KAFFE KAUFEN

SIE TRINKEN DEN KAFFEE
UND SCHAUEN EINEM IRREN MANN
MIT EINER GITARRE ZU

IHNEN SCHMECKT DER
KAFFEE UND IHNEN GEFÄLLT
WAS SIE SEHEN UND HÖREN

DANN WIRD DER IRRE
MANN MIT DER GITARRE
VERSCHEUCHT

WIR SEHEN DIE BEIDEN
SELTENE UND TEURE
PILZE KAUFEN

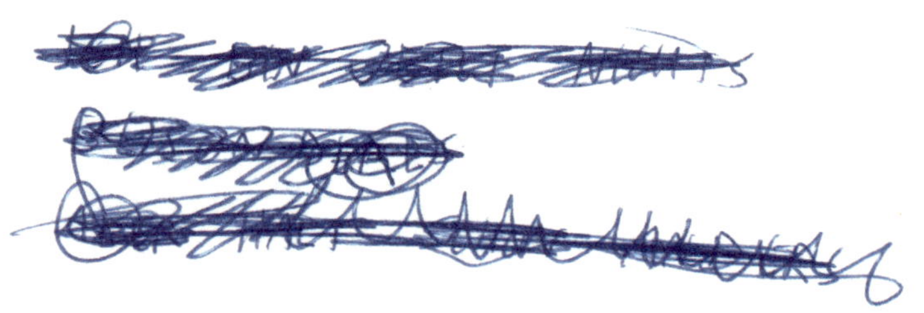

MANCHMAL DENKE ICH,
DASS DIE GÜNSTIGEREREN
KLAMOTTEN IN MEINEM
SCHRANK DIE TEUREREN
KLAMOTTEN HASSEN

UND DANN TUN MIR
MEINE KLAMOTTEN LEID

EINE KATZE VERSCHWINDET
EIN HANDY VERSCHWINDET
EIN MENSCH VERSCHWINDET
OH, DA IST ES!
DAS HANDY IST WIEDER DA
GOTT SEI DANK
UND DIE KATZE WAR EH ALT

REGEN LIEF ÜBER
MEINE BEHAARTEN BEINE
GUCK MAL WIE SCHÖN

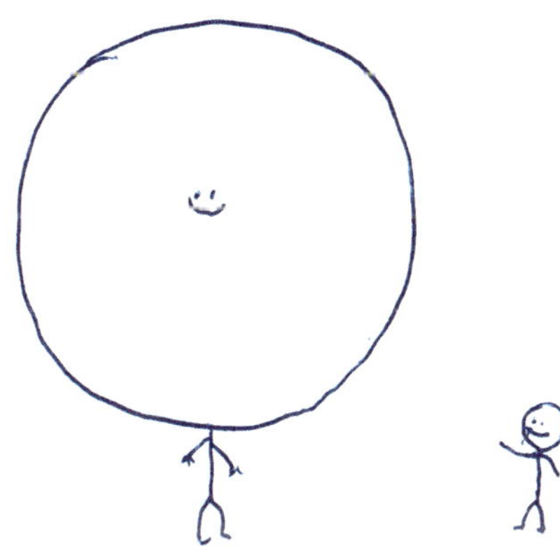

GUCK MAL WER
GERADE GEKOMMEN IST

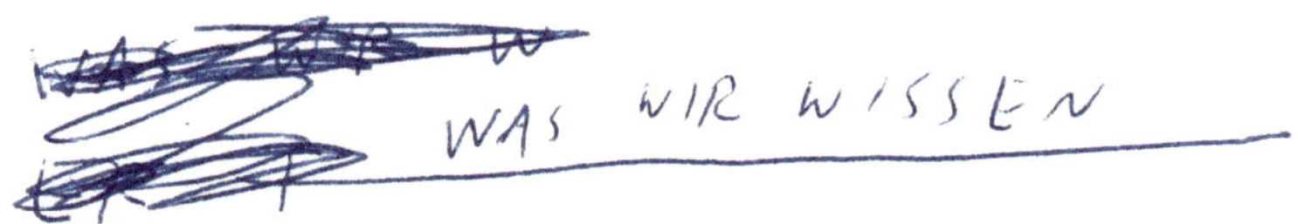

- FÄHRT UNS AM 1.2.2020 SOWEIT ÜBER DIE GRENZE DES FAHRGEBIETS WIE IHM MÖGLICH
- IST MIT 10 J. MIT SEINER ALLEIN-ERZIEHENDEN MUTTER VON BERLIN NACH ESSEN GEZOGEN
- MIT 20 J. WIEDER ZURÜCK NACH BERLIN (NUR ER)
- FÄHRT SEIT KURZEM WIEDER EINMAL IM JAHR NACH ESSEN WENN MUTTER GEBURTSTAG HAT
- HALBSCHWESTER UND MUTTER WOHNEN NOCH IN ESSEN
- WAR MAL 5 JAHRE AM STÜCK NICHT DORT
- FREUNDESKREIS IN ESSEN HAT SICH ZERSPRENGT
- WAR NOCH NIE BEIM EISHOCKEY
- LAUT APP HEISST ER PHILIPP

NACH EINEM ERFOLGREICHEN TAG IN SEINEM ATELIER KOMMT EIN BERÜHMTER KÜNSTLER NACH HAUSE. ER FÄLLT KOMPLETT ERSCHÖPFT AUFS BETT. DAS LETZTE BILD HAT IHN ALLES GEKOSTET. SEINE FRAU IST AUCH EINE BEKANNTE KÜNSTLERIN UND LIEGT BEREITS ERSCHÖPFT VON IHREM TAGEWERK AUF DEM BETT. BEIDE IM DELIRIUM FANGEN AN ZU DISKUTIEREN WER ESSEN MACHEN MUSS. AUS DER FRAGE ENTWICKELT SICH EINE WILDE SCHLÄGEREI MIT KLAPP-STÜHLEN.

SIE LEGTE SICH INS BETT, SCHLOSS DIE AUGEN UND NACH EIN PAAR MINUTEN WAR ES WIEDER SOWEIT: DIE ZEIT STAND KURZ STILL UND DANN FING SIE AN RÜCKWÄRTS ZU LAUFEN.

SIE WAR WIEDER DORT.

ES NIESSELTE GANZ FEIN UND DIE GEBÄUDE UM SIE HERUM WAREN RIESIEG UND VON OBEN BIS UNTEN VOLL MIT NEONLICHTERN. ES ROCH NACH ELEKTRIZITÄT UND FRITTIERTEM ESSEN. DANN SAH SIE ELENA AUF SIE ZUKOMMEN. DIESESMAL WÜRDE SIE BLEIBEN. DAS FREUTE E. SICHTLICH.

46

VOR DEM GROSSEN UNBEDRUCKTEN ZART-
ROSA BANNER STEHEN
EIN SCHLAGZEUG, EINE
GITARRE, EIN BASS UND
EIN MIKROFON IN EINEM
STÄNDER. DAS LICHT
GEHT AUS UND MAN SIEHT
NUR NOCH EINE KERZE RICHTUNG
MIKROFON
WANDERN. DIE KLEINE FLAMME
LÄSST UETET DAS GESICHT DES
SÄNGERS ERKENNEN. ER
BLÄSST DIE KERZE
AUS UND DAS LICHT GEHT
WIEDER AN. UNTER
DEM JUBEL VON CA. 1500 FANS
FÄNGT DIE BAND
AN ZU SPIELEN.

ZUR ZEIT DES 1. WELTKRIEGS LEBTE EIN MANN, DER AUS ZWEI MÄNNERN BESTAND.

DAS DER MANN AUS ZWEI MÄNNERN BESTAND WURDE IHM ERST BEWUSST, ALS IHN EINE NETTE FRAU DARAUF AUFMERKSAM MACHTE,

ALS DER 2. WELTKRIEG VORRÜBER WAR TRAFFEN SICH DIE DREI IN EINEM TRAUM WIEDER UND SPIELTEN KARTEN. ALS DIE NETTE FRAU BEMERKTE, DASS DIE MÄNNER SIE IMMER GEWINNEN LIESSEN, MUSSTEN SIE ALLE LACHEN.

STELL DICH JETZT
SCHONMAL AUF EINEN
LANGEN LANGEN WEG
EIN

UND SELBST WENN
DU HEUTE NOCH
STARTEST IST ES
BEREITS ZU SPÄT
ZUM ANKOMMEN
LOSGEHEN MUSST DU
WEIL DEIN PLATZ
IN EIN PAAR TAGEN
NICHT MEHR DA IST

DRAUSSEN BEI NACHT

MIT DUPLOS (DIE ZUM ESSEN
VON FERRERO UND
NICHT DIESE
RIESEN LEGOS)

IN EINER BUSHALTESTELLE

BEI GEWITTER

NICHT ALLEINE

UND AUCH NICHT MIT

DIR

MIT UM-STICKERN
IN DEN DUPLOS

TRIBAL DANCE

VON DER GRUPPE
„2 UNLIMITED" HATTEN
DIE UREINWOHNER
NOCH NIE GEHÖRT,
TROTZDEM GEFIEL
IHNEN DER EURO-
DANCE-KLASSIKER
„TRIBAL DANCE" AUS
DEM JAHRE 1993
AUF
ANHIEB.

TONI DER DINO

SEIT TAGEN STAPFT TONI DER DINO UNERMÜDLICH DURCH DIE STEINZEIT. NUR EINMAL HAT ER KURZ PAUSE GEMACHT UND EINEM VULKAN IN WEITER FERNE BEIM AUSBRECHEN ZUGESEHEN. ALS ER SEIN ZIEL ERBLICKT, GREIFT ER IN SEINE POSTBOTENTASCHE, WEDELT KURZ MIT DEM BRIEF UND GIBT IHN DEM MÄDCHEN. DAS MÄDCHEN ÖFFNET DEN BRIEF UND IHRE AUGEN WERDEN ZU ZWEI GROSSEN HERZEN. TONI BEKOMMT EIN KUSS AUF DIE WANGE. JETZT KANN ER IN RUHE AUSSTERBEN.

ICH HABE JOKER ZWAR NICHT GESEHEN, FINDE ABER DER FILM IST MÜLL.
UND WENN JETZT JEMAND ANKOMMT UND DEN FILM TOTAL GUT FINDET (MEISTERWERK!), WERDE ICH DEN FILM RICHTIG MIES MACHEN.
UND WENN JETZT JEMAND ANKOMMT UND JOKER NICHT SO GUT FINDET, WERDE ICH DEN FILM KRASS ABFEIERN UND ALLE DIE DEN FILM NICHT CHECKEN ALS HARTE TROTTEL BEZEICHNEN.
JA, SO WERDE ICH ES MACHEN. ES IST DER EINZIGE WEG.

CHRISTIAN KRACHT SAGT
"EL PERRO BONBON", "UMBERTO D."
UND GANZ KLAR "PAPER MOON"
SIND TOLLE FILME UND
JETZT ~~WILL~~ WILL ICH DIE
ALLE MAL SEHEN IRGENDWANN.
SEINE ... ICH GLAUBE FREUNDIN...
FRAUKE FINDET "THE THIN RED
LINE", "STARSHIP TROOPERS" UND
"RUSHMORE" GROSSARTIG.

"STARSHIP TROOPERS" KENNE
ICH. DER IST ECHT GEIL!

UNSERE METAL BAND
HIESS APOTHEKEN UMSCHAU.
WIR HATTEN KEINE
INSTRUMENTE, KEINE
SONGS, NICHTS. NUR
DEN NAMEN HATTEN WIR.
UND NATÜRLICH EIN LOGO.
WAR EINE GEILE ZEIT DAMALS
MIT DER BAND. DAS LOGO
SAH IRGENDWIE SO AUS:

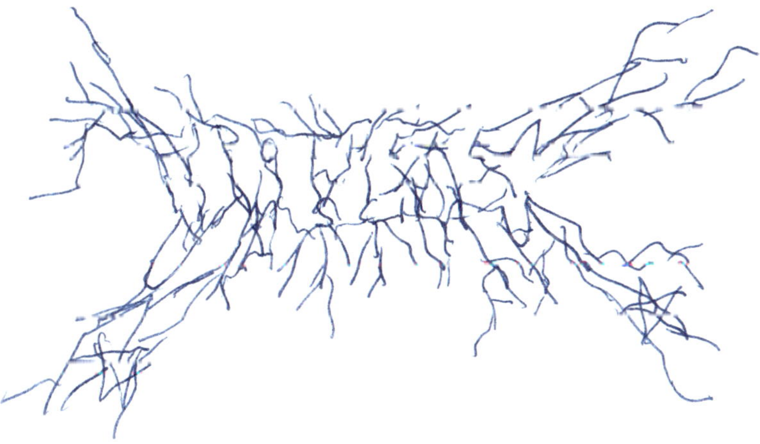

ICH BIN EIN
SCHWARZES LOCH

DEIN SCHWARZES
LOCH

KOMM DOCH MAL
WIEDER VORBEI

OK, PASST DIR
MORGEN UM 18 UHR?

JA, PASST

VORGARTEN AUS STEIN

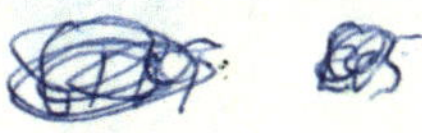

OH, VORGARTEN AUS STEIN! WIE GEHT ES DIR HEUTE? WAS FEHLT DIR? VIELLEICHT EINE UNFASSBAR HÄSSLICHE METALSKULPTUR?

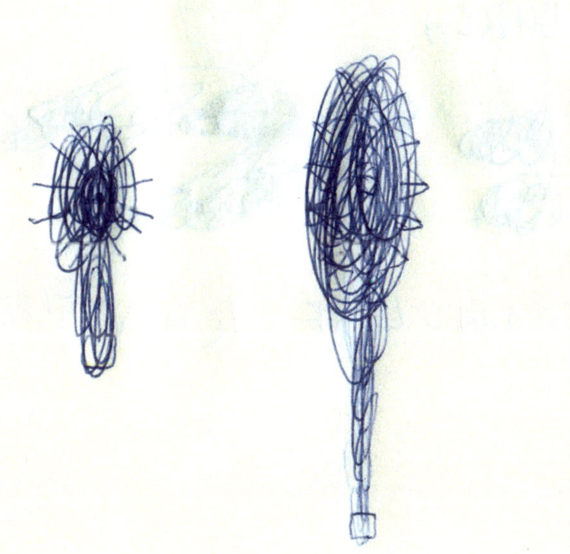

EINE WESPE KOMMT
DURCHS OFFENE FENSTER
HEREIN. SCHNELL
LANDET IHR BLICK BEI
MEINEM BÜCHERREGAL.
GEWISSENHAFT FLIEGT
SIE DIE BUCHRÜCKEN
AB UND STAUNT NICHT
SCHLECHT. VON DEN
MEISTEN AUTOREN UND
AUTORINNEN HAT SIE
NOCH NIE GEHÖRT.

ABER ES ZÄHLT NUR
ALS ERFOLG, WENN MIND.
3 MENSCHEN STERBEN.
MINDESTENS 3! 5 WÄREN
AUCH NICHT
VERKEHRT,
SAGTE DER KÖNIG
ZU JAKOB UND
JAKOB VERSPRACH MIND.
3 TOTE UND VIELLEICHT
SOGAR 5. ACH,
WAS SOLL ES DENN,
DACHTE JAKOB PLÖTZLICH,
VERSPRACH SOGAR
8 TOTE UND GING AUF
SEIN SCHEISS
HÄSSLICHES DRECKSZIMMER

EIN ALTER MANN STEHT AM FLUSS.

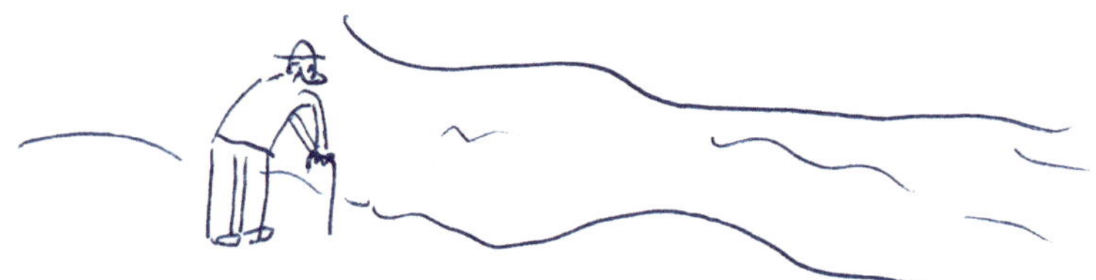

ER IST FRÖHLICH. FLÜSSE MACHEN IHN FROH.

EINE FLASCHENPOST WIRD VOM ALTEN MANN ERSPÄHT. WIE ES SICH FÜR ALTE MÄNNER GEHÖRT, ZEIGT ER MIT SEINEM STOCK AUF DIE FLASCHE.

DANIEL K.: BERLIN IST ECHT VOLL COOL. WIE NY DAMALS.

RUSCHDIE: ICH GLAUBE DIR DANIEL, DU MUSST ES NICHT PERMANENT WIEDERHOLEN. ISS ERSTMAL, DEIN ESSEN WIRD JA GANZ KALT.

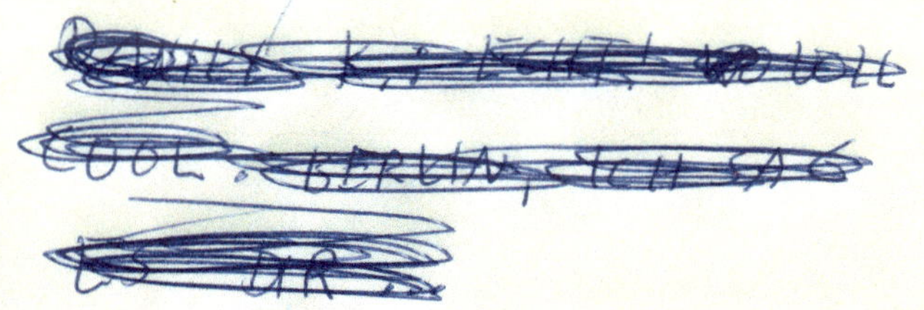

HITZEFREI

OBWOHL ES HEUTE
SEHR HEISS IST, HAT
NIEMAND HITZEFREI.
DAS LIEGT VOR ALLEM
DARAN, DASS ALLE
MENSCHEN TOT SIND
UND DIE ERDE EIN
BRENNENDER FEUER-
BALL IST.

DIE ABENTEUER DES JUNGEN MAX KERSTING (TEIL 8)

BENUTZ MAL, SAGT SVEN MARQUART, GESICHTSTÄTOWIERTER CHEF-TÜRSTEHER VOM BERGHAIN, ZUM JUNGEN MAX KERSTING.

ZUVOR WAR MAX MIT SEINEM FREUND JAMES IN DER VILLA GEWESEN UND ALS ES DORT LEERER WURDE SIND SIE ZUM BERGHAIN AUFGEBROCHEN. SO STANDEN DIE BEIDEN DANN GEGEN 5 UHR MORGENS VOR DEN TÜRSTEHERN DES BERGHAINS, MAX VOR SVEN.

MAX BENUTZTE DAS NASEN-SPRAY, DAS GERADE ZUVOR IN SEINER TASCHE ERTASTET WURDE BEIM ABTASTEN, GANZ WIE GEFORDERT. EIN SPRÜHSTOSS IN JEDES NASENLOCH. DANN DURFTE ER EINTRETEN. AUF DER TANZFLÄCHE LIEF "WHY NOT!?" VON ALTER EGO.

DIE ALLERNEUSTE ROLEX
WURDE IHM GERADE GELIEFERT.
UM SIE ANZUSEHEN PACKT
ER DIE ROLEX NICHT AUS,
ER GEHT MIT DER EINGESCHWEISSTEN
BOX IN DEN KELLER ZU SEINEM
RÖNTGEN-GERÄT UND
RÖNTGT SIE, SO WIE ER ES
IN DEN LETZTEN JAHREN BEREITS
MIT ÜBER 1000 ANDEREN
ROLEX UHREN GEMACHT HAT.

NACHDEM ER DIE NEUE ROLEX
AUF DEM RÖNTGENBILD
ANGESCHAUT HAT
SCHREDDERT ER DAS BILD UND
SCHLIESST DIE
ROLEX IN SEINEM
ROLEX-TRESOR EIN. DANN STAPFT ER
DIE KELLERTREPPE
ZUFRIEDEN WIEDER NACH
OBEN.

COWBOY HUT

ER TRANK GERNE UND VIEL. MEISTENS WAR ES KEIN SCHÖNER ANBLICK. DESWEGEN SCHENKTE IHM JEMAND EINEN COWBOYHUT.

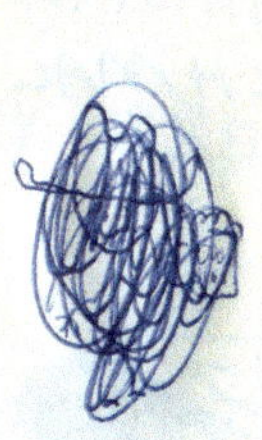

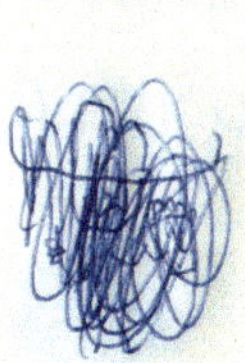

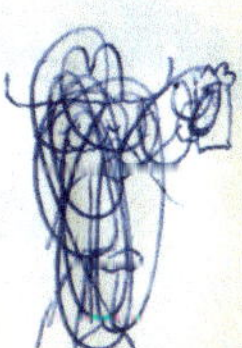

ALLEIN SEIN IST EIN
ABENTEUER FÜR SICH

DIE DOKU BEGLEITET
MENSCHEN, DIE SICH
COCKTAILS AUS Z.B. WC-
REINIGER MIXEN UND
TRINKEN UM DANN VERGIFTET
ZWEI BIS DREI TAGE
SCHRECKLICH LEIDEND,
MANCHMAL SOGAR SO
VERGIFTET, DASS KEINE
BEWEGUNG MEHR MÖGLICH
IST, AUF DEM BODEN LIEGEN.
DAS ALLES FÜR DEN
EINEN KURZEN MOMENT IN DEM SIE
MERKEN, DASS ES ÜBER-
STANDEN IST, ES IHNEN
ANFÄNGT BESSER ZU GEHEN,
SIE ES WIEDER GESCHAFFT
HABEN, UND AUFATMEN KÖNNEN

– DER KAFFE SCHMECKT GUT

– DER IST DOCH SCHON ALT UND KALT

– MIR SCHMECKT ER

– NA DANN IST JA GUT

PRESSEMITTEILUNG:

MAX KERSTING HAT AM NACHMITTAG DES 27.3.2014 MIT SEINEM BESTEN FREUND IN KREUZBERG 18 SCHWARZE TEES (AUSSCHLIESSLICH FEINSTE ASSAMS) AUS GESCHÄFTLICHEM INTERESSE (EISTEE-PRODUKTION) GETESTET. NATÜRLICH WURDEN NICHT ALLE PROBEN AUSGETRUNKEN, ABER SCHON VIELE. BEIDE WAREN DESHALB NACH ABSCHLUSS DES TESTTRINKENS FAST WAHNSINNIG. AUF MAX KERSTINGS RÜCKWEG MIT DEM FAHRRAD NACH FRIEDRICHSHAIN KAM DANN ETWAS SEINE SPEISERÖHRE HOCH UND ES PASSIERTE ETWAS, WAS MAX SCHON GEAHNT, BIS DAHIN ABER UNTERDRÜCKT HATTE: ES KAM DER HEFTIGSTE TEIN-RÖPSER HOCH, DEN DIE WELT JE ERLEBT HAT. MAX KERSTING DREHTE SICH DANN SCHNELL MIT DEM KOPF NACH HINTEN UM, UM DIE VOLLE STOSSKRAFT DES TEIN-RÖPSERS AUSZUNUTZEN UND SCHNELLER NACH HAUSE ZU KOMMEN.

„IN DEN TEXTEN BRENNEN AM ENDE IMMER ALLE HÄUSER DIE VORKOMMEN", SAGTE FRAU PETERS ZU FRAU CAMPINI. „UND ALLE HAUPTFIGUREN TRAGEN IMMER JOGGINGANZÜGE, DAS FINDE ICH AN DER AUTORIN AUCH GUT", FÜGTE SIE NOCH HINZU.

„WELCHES BUCH SOLL ICH DENN MAL ALS ERSTES VON IHR LESEN?", FRAGTE FRAU CAMPINI DARAUF.

„FEURIGE ABFINDUNG!", ANTWORTETE FRAU PETERS.

KILLER

EIN KINDERBUCH VON MAX K.

INHALTSANGABE:

HANNO IST ~~EIN~~ VOLL DIE MEMME.
UM DIE LIEBE VON SUSANNE
(IST BEI IHM IN DER KLASSE (5B))
ZU GEWINNEN ~~[illegible]~~
~~[illegible] DURCH [illegible]~~ MUSS
ER EIN KILLER WERDEN.

QUARANTÄNE

SIE NAHM SICH NOCH EIN PAAR CHIPS AUS DER TÜTE. DANN SAGTE SIE, "UND JETZT NIMM DAS VON MIR WEG" UND STRECKTE MIR DIE CHIPS-TÜTE ENTGEGEN. ICH NAHM IHR DIE TÜTE NATÜRLICH SOFORT AB UND GING IN DIE KÜCHE WO ICH DIE RESTLICHEN CHIPS GEWISSENHAFT DURCHKAUTE, IN EINE SCHALE SPUCKTE UND EINEN KLEINEN BALL AUS DEN ZERKAUTEN CHIPS FORMTE.

70

DEIN KÖRPER
MEIN KÖRPER
FEUERWERKSKÖRPER

ZOO

ZOO IST EINFACH TOLL.
DIESE GANZEN EINGESPERRTEN
TIERE, DAS HAT WAS.
ALTE LÖWEN UND
STINKENDE VÖGEL
SIND EINFACH 'NE GEILE SACHE.
UND WIE SUPER IST
ES BITTE WENN ES
SOGAR SO KRANKE
ESEL ODER NASHÖRNER GIBT???
~~ZOO IST VOLL SUPER!!!~~

FUCK IT, ICH WILL
ENDLICH MAL WIEDER
IN DEN ZOO UND MIT
ALEX EINEN BALLERN.

LIEBER CRABZILLA,

NUR UM DICH ZU SEHEN SIND WIR ZUM SEA LIFE NACH DEN HAAG GEBRETTERT. DIE LANGE AUTOBAHN-FAHRT IN DER A-KLASSE WAR NUR MIT VIELEN KEKSEN ZU ÜBERSTEHEN. UNSERE FREUDE WUCHS, ALS WIR DICH EINGEZEICHNET AUF DEM PLAN VON SEALIFE SAHEN. DESHALB WAR DER HOHE EINTRITTSPREIS NULL PROBLEM. DU WARST NICHT DA! UND DAS SEALIFE WAR SO VERDAMMT ARMSELIG, DASS WIR BIS HEUTE NOCH IN DEN HAAG FESTSITZEN VOR LACHEN.

DIESER TEXT IST GESPONSERT VON BEATS KOPFHÖRERN BY DR. DRE

HEIDI KLUM HÖRT BEIM SPÜHLEN IMMER DIESE ZWEI SONGS IN VOLLER LAUTSTÄRKE, SELBST WENN SIE 40° FIEBER HAT:

1. THREE SIX MAFIA "Tear the Club up"

2. WAKKA FLOCKA FLAME "Hard in da Paint" *

BEI HARD IN DA PAINT SINGT SIE BEI DER STELLE WO ES HEISST "GOT A MAIN BITCH, GOT A MISTRESS" IMMER "I'M THE MAIN BITCH, YOU FUCKING MISTRESS!"

* DAS MACHT SIE AUCH MIT 40° FIEBER

GERADE HAT NOCHMAL DAS MANAGMENT VON HEIDI ANGERUFEN: ICH SOLL NOCH ERWÄHNEN, DASS HEIDI GERNE AUCH MAL EIN BURGER ISST

SICH ABSICHTLICH IN
DIE HOSE ZU PINKELN
IST NICHT LEICHT.
VERSUCH ES MAL.
AM BESTEN AUF DEM
RUCKSITZ EINES POLIZEI-
AUTOS.

REZEPT

DUPLO-SANDWICH

DER BELIEBTESTE SNACK DER BERLIN ART-WEEK 2018

FÜR 2 SANDWICHES

ZUTATEN:
- 4 HANDELSÜBLICHE DUPLOS VON FERRERO
- 4 SCHEIBEN GÜNSTIGES TOASTBROT
- BUTTER
- SANDWICH-MAKER

ZUBEREITUNG:
- SANDWICH-MAKER VORHEIZEN
- IN DER ZWISCHENZEIT DIE DUPLOS KLEIN-SCHNEIDEN (SO ALS OB ES GEMÜSE WÄRE)
- ZWEI TOASTSCHEIBEN JEWEILS AUF EINER SEITE MIT BUTTER BESTREICHEN, EINE HÄLFTE ANSCHL. MIT DER HÄLFTE DER DUPLOS BELEGEN UND DANN ZUKLAPPEN MIT DER ANDEREN HÄLFTE
- DAS GANZE NOCHMAL MIT DEN RESTL. ZUTATEN WIEDERHOLEN
- SANDWICH-MAKER MIT BUTTER EINFETTEN UND SANDWICHES IM SANDWICH-MAKER TOASTEN BIS SIE BRAUN SIND.

TERMINATOR THEME

CHROMATICS – INTO THE BLUE

DNTL – FRINGES OF FOCUS

HAFTBEFEHL INSTRUMENTAL 1999 PT. 2

THE PRODIGY – DIESEL POWER

OUT HUD – HOW LONG

LADYTRON – ANOTHER BREAKFAST

COLLAPSE OF CARRIE'S HOME

KORN – GOT THE LIFE

THE CURE – CHARLOTTE SOMETIMES

STEVE ANGELLO – VOICES (E. PRYDZ RMX)

AARON CARTER – CRUSH ON YOU

~~[illegible] – [illegible] COLOR~~

WONDERWALL – JUST MORE

SCORPIONS – STILL LOVING YOU (EDIT)

ROXETTE – ALMOST UNREAL (2X)

AUFHÖREN MIT DEM DJ-QUATSCH

ES GIBT IHN WIRKLICH

ER WAR NUR
EINE FÜR UNS SEHR
LANG WIRKENDE ZEIT
WEG

JETZT IST ER ABER
WIEDER DA

UND ES WIRD JETZT
GENAU SO LAUFEN WIE
DU ES DIR VORSTELLST

WINTEREINBRUCH

IM WINTER
IM FREIBAD BLEBT DAS
WASSER ZUM SCHUTZ DER FLIESEN
VOR DER KÄLTE IM BECKEN.
GANZ RUHIG UND EINSAM
LIEGT DAS BECKEN GERADE
DA. EINE DÜNNE EISSCHICHT
HAT SICH GEBILDET.
WIRD SIE DEN JUNGEN, DER
GERADE ÜBER DEN ZAUN
GEKLETTERT IST UND SICH
JETZT AUF DIE EISFLÄCHE
TRAUT, HALTEN? ERST
SIEHT ES TATSÄCHLICH
SO AUS.

DAS SPIEL GEHT SO:

MAN BESORGT SICH EINEN DICKEN KATALOG (Z.B. EINEN HACH-KATALOG*) UND MAN BLÄTTERT DANN DURCH DEN KATALOG UND AUF JEDER DOPPELSEITE ZEIGT MAN DANN GANZ SCHNELL AUF EIN PRODUKT. WER AUF DAS BESSERE PRODUKT ZEIGT GEWINNT DIE SEITE. DAS SPIEL HEISST "ZEIGEN" UND WURDE 1989 VON DEN GEBRÜDERN KERSTIN G ERFUNDEN. ES IST EIN SPIEL FÜR ZWEI SPIELER.

(* EIN KATALOG FÜR WERBE- UND GESCHENKARTIKEL)

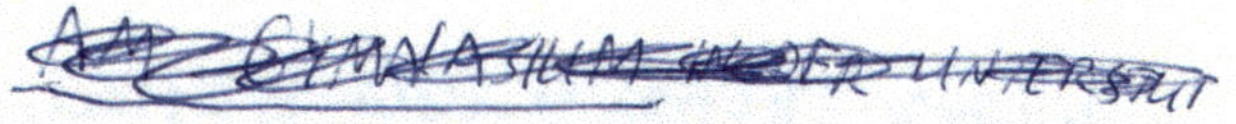

HANNES: WIE, JAN IST KRANK?
DER HAT DOCH DEN ARM
GEBROCHEN.

SIBYLLE: MAN KANN DEN ARM
GEBROCHEN HABEN **UND**
KRANK SEIN.

(AN DEM TAG WAR HANNES SEINE
KINDHEIT VORBEI)

112

GRAFFITI AKTUELL:

EINE KOMISSION AUS EINIGEN DER BESTEN GRAFFITI-SPRAYERN DER WELT HAT AM 4. MAI 2016, DIE STADT LIPPSTADT ZUR STADT MIT DEN MIESESTEN GRAFFITIS IN GANZ DEUTSCHLAND GEWÄHLT. 2015 GING DIE AUSZEICHNUNG AN DIE STADT RHEINBACH, DIE WIE LIPPSTADT, EBENFALLS IN NORDRHEIN-WESTFALEN LIEGT.

SIE ERZÄHLTEN SICH DIE FILME. SIE ERZÄHLTEN SICH JURASSIC PARK, TERMINATOR 1 UND 2, KEVIN ALLEIN MIT ONKEL BUCK UND SOGAR EINEN FILM VON DAVID LYNCH, WAS SCHON ETWAS SCHWIERIG WAR, ABER DANN IRGENDWIE GING. VIEL SCHWIERIGER WAR ES, ALS SIE AM BACH ANGEKOMMEN WAREN, SICH ZU ERINNERN, WIE NOCHMAL DIE TITELMELODIE VON ALF GING.

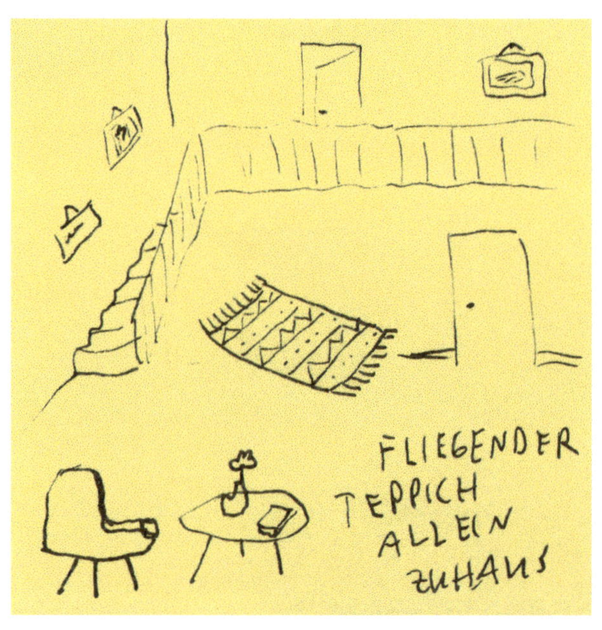
FLIEGENDER
TEPPICH
ALLEIN
ZUHAUS

Inhalt • Content • Contenu

Seiten Pages	Thema • Topic • Sujet
	DU MUSST HART SEIN. MIT ALLEN MITTELN SEHR HART. MIT WENIGEN MITTELN. MIT SO WENIG MITTELN WIE MÖGLICH SO HART WIE MÖGLICH!

DELFINE SIND JETZT
SÜCHTIG NACH GIOTTOS.
IRGENDEIN WICHSER
HAT SIE SÜCHTIG GEMACHT.
BESTIMMT EINE OMA AUF
KREUZFAHRT.

~~ODER EIN DUMMES~~
~~KLEINES MÄDCHEN DAS~~
~~LANGEWEILE HATTE.~~

AIDA

GIOTTO

BIB

OMA!

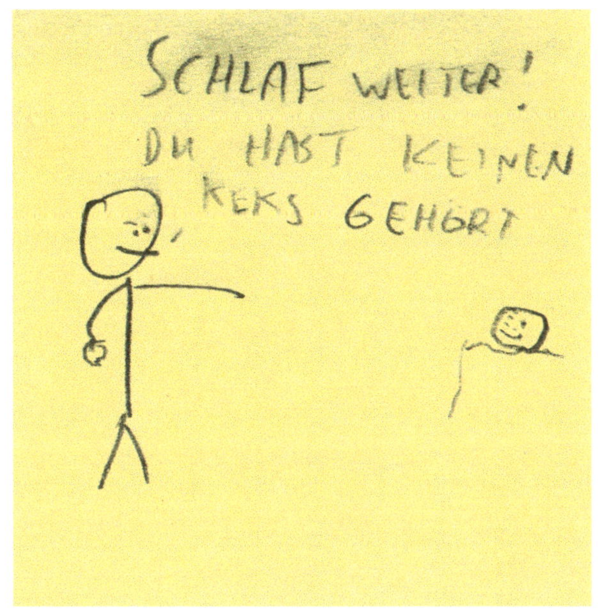
SCHLAF WEITER!
DU HAST KEINEN
KEKS GEHÖRT

ZELTEN

ICH BIN EIN ZELT
UND GEHE HEUTE ZUM
ERSTEN MAL ZELTEN

MAN BAUT MICH AUF
EINER WIESE AUF

ICH BIN GANZ GESPANNT

SEILE UND STANGEN
HALTEN MICH IN FORM

DANN KOMMT JEMAND
IN
MICH REIN

UND ICH HASSE ES SOFORT

ICH HASSE ZELTEN

IM LIPPSTADT

IM LIPPSTADT
HAT EIN SPITZBUB
EIN PACK WASCH-
PULVER IN DEN
BRUNNEN AN MARKT
GEPACKT. JETZT
FLIEGT ZWEI
GROSSE WOLKEN
AUS SCHAUM
ÜBER DIE STADT.
MORGEN WIRD DIE
TAGESZEITUNG „DER
PATRIOT" EIN FOTO VON
DEN WOLKEN PRÄSENTIEREN.

DEIN BERG

ES GIBT EINEN BERG IN
DEINER NÄHE.
ES IST DEIN BERG.
DEIN BERG FREUT SICH,
WENN DU OBEN AUF SEINEM
GIPFEL STEHST UND DICH
UMSCHAUST.
ER FREUT SICH, WENN DU
DIE DINGE MAL VON
OBEN BETRACHTEST.
LEG MAL EIN OHR AUF IHN.
DANN HÖRST DU IHN ATMEN.
WENN ER SPRECHEN KÖNNTE
WÜRDE ER DIR SAGEN:
PASS AUF
DORT UNTEN IN DER WELT.
ICH WILL DICH NICHT VERLIEREN.

DER TANK IST LEER.
ABER SIE FAHREN.

ES LIEF AUF EINMAL SUPER,
MIT ALLEM!
ES LAG AN EINEM ZUNGEN-
SCHABER DER LETZTENS
EINER ZAHNBÜRSTE BEILAG,
DIE SIE BEI ROSSMANN GE-
KAUFT HATTE.
ER WAR DER GRUND.
SIE BENUTZTE IHN WEIL ER
HALT NUN MAL DA WAR.
IHR LEBEN WENDETE SICH VON
HEUTE AUF MORGEN KOMPLETT
ZUM GUTEN. DAS DER ZUNGEN-
SCHABER DER GRUND WAR,
WUSSTE SIE NATÜRLICH
NICHT. SIE DACHTE, IHRE
GEBETE WÄREN ENDLICH ERHÖRT
WORDEN.
UND ALS OB SIE ES UNTERBEWUSST
DOCH GEWUSST HAT, HÖRTE SIE
NIE WIEDER MIT 2X TÄGLICH SCHARBEN AUF.

BIERCHEN

BANANENBOOT

BEILEID

TECHNO

TIBET

TANKWART

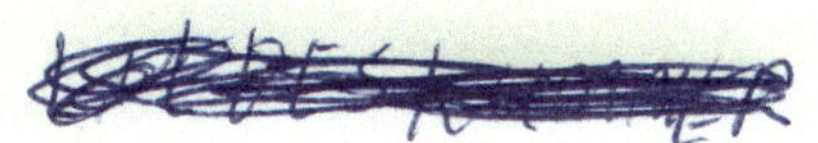

VERLIEBT

VERLOBT

VERLADERAMPE

VERET DU!

KEINE WOLKE MEHR
AM HIMMEL
KEIN FLUGZEUG MEHR
AM HIMMEL
KEIN VÖGEL MEHR
AM HIMMEL
KEIN STERN MEHR
AM HIMMEL
KEINE SONNE, KEIN MOND
MEHR AM HIMMEL
NUR NOCH WÖRTER
ALLES IST NUR NOCH VOLLER
WÖRTER
WÖRTER, DIE SICH EIN
FOUR TET DJ-SET ANHÖREN

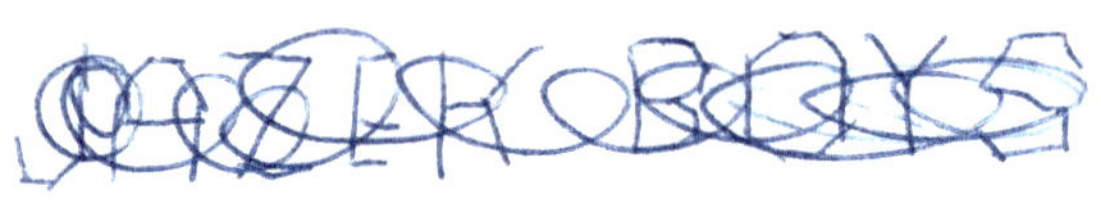

FILMIDEE

EIN FILM IN DEM ALLES VON VOLL WEIT WEG GEFILMT IST UND MAN GAR NICHTS CHECKT

SVEN, DER DESIGNER

SVEN IST FREELANCE-DESIGNER.
DIE GESTALTUNG
EINER HOCHZEITSEINLADUNG
(SEIN EINZIGER AUFTRAG IM
MOMENT) RAUBT IHM GERADE
DEN LETZTEN NERV.
WÄHREND SEIN GESAMTES
UMFELD AM AUFSTREBEN
IST, KRIEGT ER NICHTMAL
MEHR EINE EINLADUNGS-
KARTE GEBACKEN.
ER HÄNGT EINEN WEITEREN
ENTWURF AN SEINE WAND.
BALD IST KEIN PLATZ MEHR.
ALLE ENTWÜRFE SIND DRECK!
NOCH
HALB IM SCHLAFANZUG GEHT
SVEN ZUM BRIEFKASTEN.
EIN UMSCHLAG IST DRIN DER
WIRKLICH SCHÖN AUSSIEHT.
OBEN, ZURÜCK IN SEINEM
ZIMMER, NIMMT ER EINE
SCHLUCK KAFFEE UND ÖFFNET
DEN UMSCHLAG. IN DER HAND HÄLT ER
EINE WUNDERSCHÖNE EINLADUNG ZUR
HOCHZEIT, FÜR DIE ER DOCH GERADE
DIE GESTALTUNG MACHT!?

ER HATTE SEIN LEBEN
AUF EINER KOMPLETT
FALSCHEN FARB-AUSWAHL
AUFGEBAUT. ERST ALS
ER ULLA TRAP UND DIE
IHM ENDLICH MAL
DIE WAHRHEIT SAGTE,
MACHTEN SIE ZUSAMMEN
EIN KLAMOTTENFEUER
UND GINGEN AM
NÄCHSTEN TAG GEMEINSAM
SHOPPEN. NUR EIN HELL-
BLAUES HEMD HATTE ER
HEIMLICH ALS ANDENKEN
AN DIE SCHLECHTEN ZEITEN
GERETTET.

DAS BUDGET WAR
ERSCHÖPFT

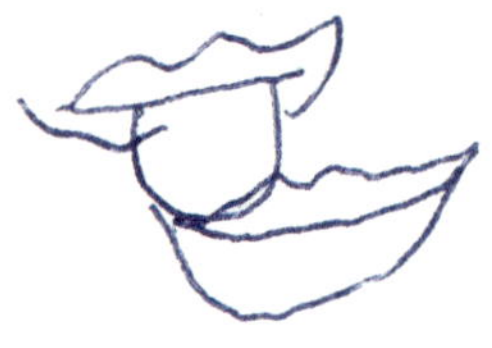

IRGENDWIE SO

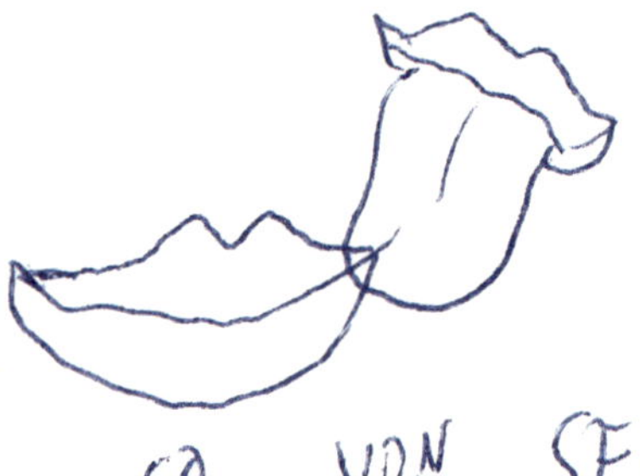

SO VON SEITLICH

UND DAZWISCHEN

UND DURCH DIE
LEICHTE ÖFFNUNG

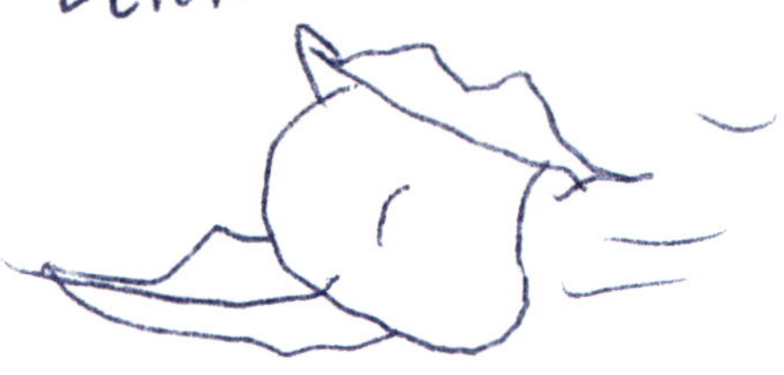

LECK MIR BITTE
SO ÜBER DIE LIPPEN

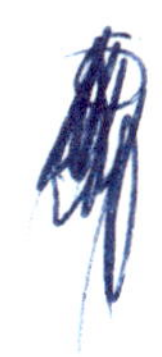

DER FLUMMI IST VERLOREN
GEGANGEN

DAS BLEIBT

DAS IST DAS TRAGISCHE AM ~~[illegible]~~
SPAZIERGANG MIT FLUMMI

AM ENDE IST MAN WIEDER
ALLEINE

ICH MACHE SO LANGE
WEITER, BIS ICH EINEN
MENSCHEN SEHE, DEN
ES NOCH NICHT GIBT,
SAGTE GERHARD.
DANN DRÜCKTE
ER SEINEN ALTEN KÖRPER
WIEDER GEGEN DIE WAND.

~~FOLGENDES SAGTE:~~
~~NA JA ICH~~
~~WEISS AUCH NICHT.~~

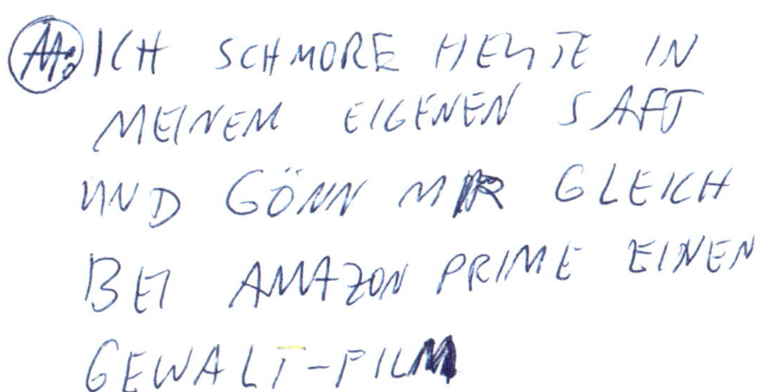
M: ICH SCHMORE HEUTE IN
MEINEM EIGENEN SAFT
UND GÖNN MIR GLEICH
BEI AMAZON PRIME EINEN
GEWALT-FILM
L: IST GUT, MACH DAS
M: KOMMT IHR SPÄTER NOCH
NACH FRIEDRICHSHAIN?
L: GLAUB NICHT
M: IST GUT

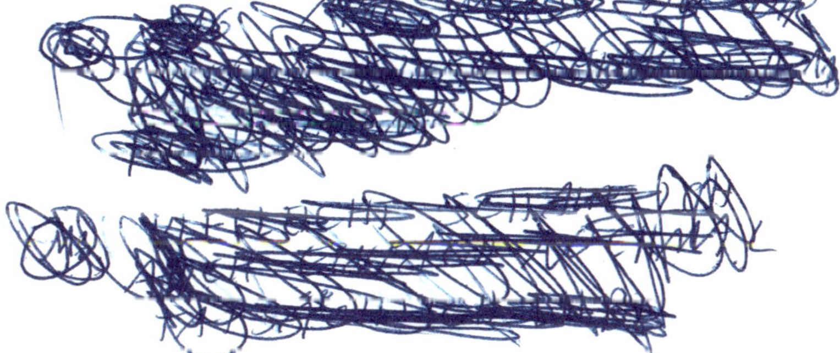

GANZ LUSTIG: EIN ICE ZUG VOR UNS KANN AUS EIGENER KRAFT NICHT MEHR WEITERFAHREN. JETZT DURFTEN WIR GERADE IN DER 1. KLASSE DARÜBER ABSTIMMEN, OB WIR NEBEN DEN LIEGEN GEBLIEBENEN ZUG FAHREN UND DIE FAHRGÄSTE AUFNEHEN ODER AN IHM VORBEIFAHREN. EIN MITARBEITER DER BAHN HAT ALSO STIMMZETTEL AN UNS VERTEILT UND WIR HABEN ABGESTIMMT. WEIL ES KEINE DURCHSAGEN MEHR GAB, WAR ES ECHT SPANNEND. ZUM GLÜCK SIND WIR DANN AN DEM ANDEREN ICE VORBEIGEFAHREN. JETZT ESSE ICH ERSTMAL DIE KLEINE RITTER SPORT SCHOKOLADE, DIE ICH GERADE GEGEN DIE UNANNÄMLICHKEITEN GEKRIEGT HABE.

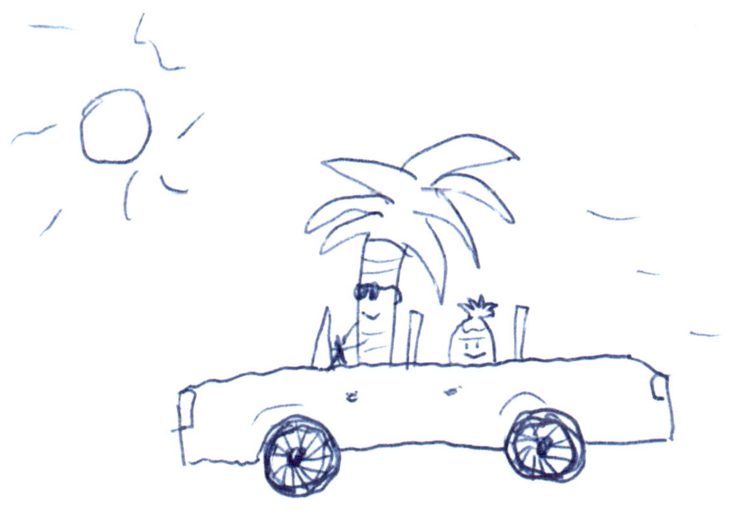

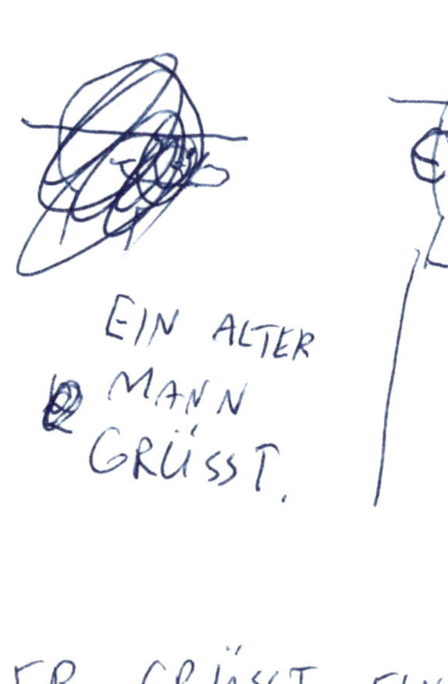

EIN ALTER MANN GRÜSST.

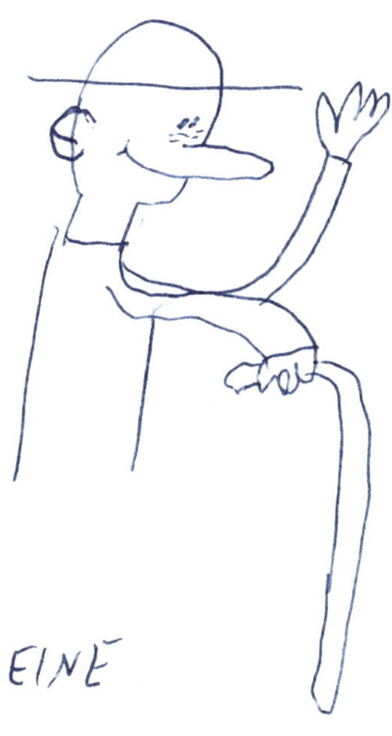

ER GRÜSST EINE KATZE.

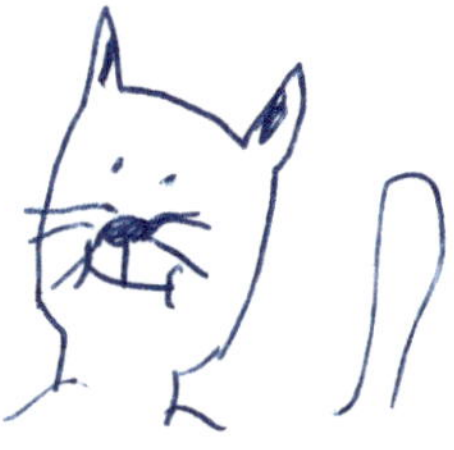

DIE KATZE GRÜSST NATÜRLICH SOFORT ZURÜCK

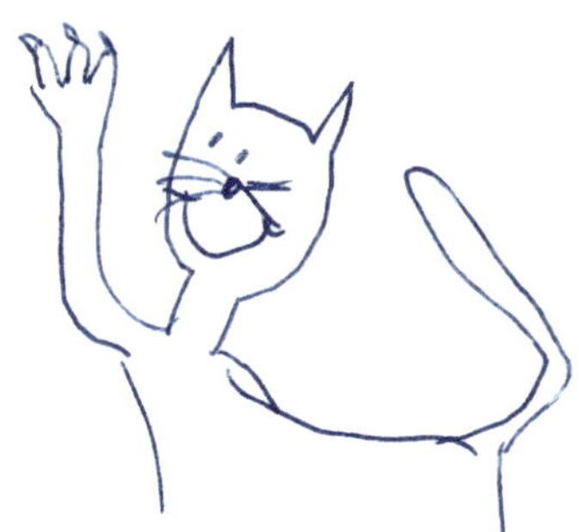

MEIN NEUER ~~[illegible]~~
ROMAN DREHT SICH UM EINEN
MANN, DER ALLEINE LEBT,
~~[illegible]~~ WENIG VERPFLICHTUNGEN
HAT UND ES SICH UNGEWÖHNLICH
GUT GEHEN LÄSST. GLEICH
AUF DER ERSTEN SEITE
GEHT ER FREITAG ABENDS
NOCH ~~[illegible]~~
KURZ LOS, UM SICH KUCHEN
ZU KAUFEN. UNFASSBAR
GUTEN KUCHEN!

32

DAS NEUE VIDEO VON HAFTBEFEHL
IST ONLINE

„LASS DIE AFFEN AUS DEM ZOO"

ES IST ECHT DAS LETZTE

JEMAND FINDET, ES REICHT
ER HATTE SEINEN SPASS
JEMAND MUSS ENDE MACHEN
MIT IHM
ER MUSS ENDE MACHEN MIT IHM
ER DRUCKT SICH EIN TICKET
ZUR TOUR AUS
ES WIRD IRRE
ES RATTERT IN IHM
VIELLEICHT KANN ER NACH
SEINER TAT NOCH KURZ
V.I.P GEHEN UND EIN RED BULL
TRINKEN
VIELLEICHT LADEN SIE IHN
AUCH MAL ZU LANZ EIN
WENN ER WIEDER RAUS IST

MENSCHEN DIE IM ZUG
VOM WC KOMMEN UND

ERST IN DIE FALSCHE RICHTUNG
GEHEN UND IHREN PLATZ DORT
SUCHEN BEVOR SIE MERKEN,
IHR PLATZ IST IN DIE
ANDERE RICHTUNG,
ES GIBT SOLCHE MENSCHEN.

DUNKEL GEKLEIDET MIT MÜTZE BIS IN DIE STIRN GEZOGEN. HÄNDE IN DEN TASCHEN EINER DRECKIGEN JACKE. DRECKIGE HOSE. IMMER AM GUCKEN IN ALLE EINFAHRTEN UND GÄRTEN. SO SCHLEICHT ER DURCH DIE WOHNGEBIETE. MENSCHEN BEOBACHTEN IHM MISSTRAUISCH AUS IHREN HÄUSERN ODER SCHAUEN IHM HINTERHER WENN SIE AN IHM VORBEIGEHEN. SIE FRAGEN SICH, WAS DIESER TYP HIER WILL. MIT SICHERHEIT EINBRECHEN. DABEI IST ER NUR HOCH KONZENTRIERT UND AUF DER SUCHE NACH PRIVAT INSTALLIERTEN BASKETBALL-KÖRBEN UM EIN FOTO VON DEN KÖRBEN ZU MACHEN FÜR SEINE SAMMLUNG.

81

IHR HAUS WURDE EINFACH NICHT FERTIG.

IRGENDWANN MUSSTEN SIE TROTZDEM EINZIEHEN.

LANGSAM GEWÖHNTEN SIE SICH DARAN, IN EINEM HALB FERTIGEN HAUS ZU WOHNEN.

SIE HOLTEN EINEN HUND AUS DEM TIERHEIM. ROSTI WAR SEIN NAME, WEIL ER ECHT ROSTIG AUSSAH. DIE KINDER LIEBTEN IHN SEHR, DIESEN KLEINEN, MERWÜRDIGEN HUND UND ROSTI LIEBTE SIE AUCH.

DOCH NICHT

DOCH NICHT

ODER NICHT (SONGTEXT)

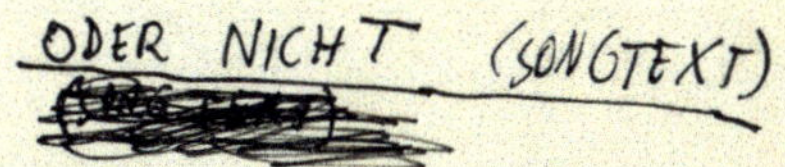

ES IST EIN SCHÖNER TAG
NUR OHNE DICH
ICH HAB' EIN FOTO VON DIR UND IHM GESEHEN
JETZT KOMMT UNSER PLAN
ICH FREU MICH DRAUF
ICH HAB' DIE PISTOLE DABEI

ES IST EIN SCHÖNER TAG
NUR OHNE DICH
ICH KLINGEL AN SEINER TÜR UND ER KOMMT RAUS
ICH SCHIESS IHM INS GESICHT
WIE IN UNSEREM PLAN

ES IST EIN SCHÖNER TAG
JETZT SEHE ICH DICH UND DU WEINST
WOLLTEN WIR NICHT ZUSAMMEN LACHEN?
ODER WEINST DU VOR LACHEN SO WOLLTEN
WIR ES DOCH MACHEN ...

ODER NICHT?

ODER NICHT?

100% POLYESTER

STARTE DEN VENTILATOR!

DER VENTILATOR BLÄSST LUFT ÜBER DAS RIESIGE LAGERFEUER. HINTER DEM FEUER STEHT MARK IN EINEM TRAININGSANZUG AUS 100% FEINSTEM POLYESTER. JETZT MUSS MARK ANFANGEN DEN VIELEN KLEINEN FEUERPARTIKELN AUSZUWEICHEN.
ALEX SCHMEISST NOCHMAL EINE PACKEN PROSPEKTE INS FEUER. LOS MARK! BEWEG DICH!

STELL DIR VOR DU KANNST
NICHT SCHLAFEN UND DU LEGST
DICH SO FLACH WIE
MÖGLICH AUF'S BETT UND
STELLST DIR VOR DU BIST EIN
BLATT DRUCKERPAPIER, DAS
GLEICH EINGEZOGEN UND BE-
DRUCKT WIRD. DU VERSUCHST
DIR AUCH VORZUSTELLEN MIT
WAS DU WOHL GLEICH BEDRUCKT
WIRST.
KANNST DU DIR VORSTELLEN,
DASS DIR DAS BEIM EINSCHLAFEN
HELFEN WIRD?

VOR EINIGEN MONATEN
HABE ICH STEPHANIE MAX
GEHEIRATET UND IHREN
NACHNAMEN ANGENOMMEN.
GESTERN HABE ICH DIE
SCHEIDUNG EINGEREICHT.
DIE AFFÄRE MIT MAXI LAU
GEHT SCHON EIN PAAR
TAGE. WIR HABEN AUCH
SCHON ÜBER HOCH-
ZEIT BESPROCHEN. DANN
SIND WIR MAX MAX
UND MAXI MAX. ICH SAG
JA SCHON IMMER: WENN
DU ES TRÄUMEN KANNST,
KANNST DU ES AUCH MACHEN.

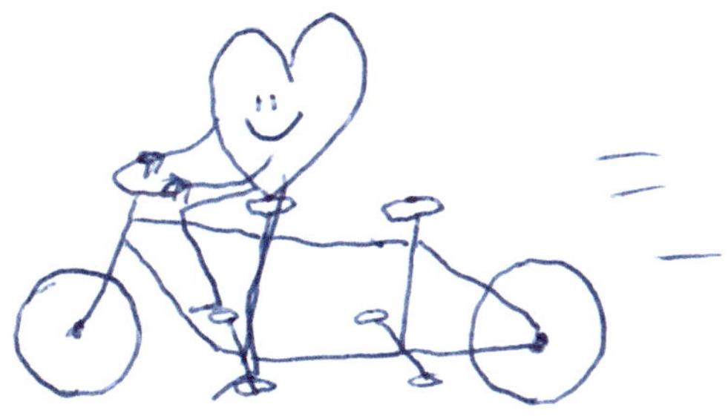

Break-Dancer

Ich würde gerne mal jemanden in einen Break-Dancer schubbsen. Also in das Karussel. Bei voller Fahrt. Vielleicht wenn gerade das Strobo an ist und die Nebelmaschine. Würde gerne mal sehen wie das aussieht und ob überhaupt großartig was passiert. Hab die Thematik gerade mal gegoogelt aber nichts richtig gefunden

- DAS MACHT 18 EURO

UND BITTE PACKEN SIE DAS
BUCH EIN, ICH WILL ES

~~[illegible] DENN EIN GESCHENK~~

NACHHER AUFREISSEN WIE
EINE WAHNSINNIGE UND MIR
DAS GESCHENKPAPIER IN
DEN MUND STOPFEN UND ES
WEICH KAUEN

- EINE SEHR GUTE IDEE,
FRAU CAMPINI

FRANZ GEHT MIT
GROSSEN SCHRITTEN
DURCH KÖLN. EIN
GROSSER LEGOBAUKASTEN
UNTER JEDEM ARM.
RECHTS EIN BAUSATZ AUS
DER STAR WARS KOLLEKTION,
LINKS EIN
SATTEL-
SCHLEPPER VON LEGO-
TECHNIK. EIN EIS IN
JEDER HAND. RECHTS
EIN SOFTEIS MIT SCHOKO-
SOSSE UND STREUSSELN,
LINKS EIN HÖRNCHEN
MIT 5 KUGELN VANILLE.

ER BRANNTE IHR 15 LIEDER AUF EINE CD UND SCHRIEB "16 LIEDER" MIT EINEM CD-MARKER AUF DIE CD. SO SAH SEINE RACHE AUS.

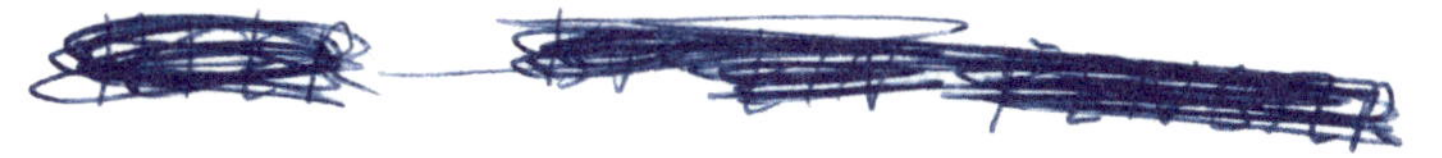

NEIN, NEIN NICHT
DAS FENSTER

JA, GENAU, DAS FENSTER

DAS AUS DEM
JESUS WINKT
WINK MAL ZURÜCK
SOWAS MACHT IHN GLÜCKLICH

UND ER IST JA JETZT AUCH
SOWAS WIE DEIN NACHBAR

SCHAU AN, ER FREUT SICH

FUCK, ER KOMMT RÜBER!

ERNTEZEIT

EIN TYP KOMMT UND
SÄBELT DIR DEINE RÜBE
AB. DANN ZIEHT
ER EILIG WEITER
ZUR NÄCHSTEN RÜBE.
ER IST FROH WENN
DIE ERNTEZEIT BALD
WIEDER VORBEI IST.

ROMAN SCHAUTE AUS
DEM FENSTER. REGEN FIEL.
ER ÖFFNETE ES UND STRECKTE
SEINE HAND RAUS IN DIE
NACHT. DER HIMMEL WAR
RECHTS GANZ SCHWARZ UND
LINKS LEICHT RÖTLICH, REGELRECHT
ERLEUCHTET. IRGENDWAS WAR.
SOFORT WUSSTE ER ES:
DIE ERDE HATTE AUFGEHÖRT
SICH ZU DREHEN. ER DACHTE
AN DIE KONSEQUENZEN DIE DAS
IN KÜRZE FÜR DIE GANZE WELT
HABEN WÜRDE.
ROMAN MUSSTE AUCH AN DEN LARS VON
TRIER FILM MIT KIRSTEN DUNST
DENKEN. UND AN IHRE LEICHT
VAMPIRARTIGEN ECKZÄHNE.

ALS ICH JUNG WAR, WAR ICH FAST JEDES JAHR IM WINTER SCHLITTSCHUH-LAUFEN AUF EINEM GROSSEN SEE. OPA JUPP IST JEDEN MORGEN ZUM SEE UND HAT GESCHAUT OB ER SCHON HÄLT.

WENN ER DEN SEE FÜR SICHER GEHALTEN HAT, IST ER ZU UNS GEFAHREN UND HAT GESAGT: DER SEE HÄLT. MEHR HAT ER NICHT GESAGT UND WIR HABEN UNS DANN AUF DEM SEE WIEDERGESEHEN.

RANGER SMITH NAHM
DIE FLINTE,
ÖFFNETE
DEN OFEN UND SCHOSS
EINMAL
HINEIN. DANN GING
ER MIT DER FLINTE
NACH DRAUSSEN UND
WARF SIE INS KORN-
FELD. ZURÜCK IM
HAUS HAUTE ER MIT
SEINER FAUST
IN EINEN SACK VOLLER
DRECKIGER
WÄSCHE.

T. WAR DIREKT DA
UND HOLTE MIT
HOCHROTEM ALKOHOLKOPF
EINE DV-KONSOLE AUS
SEINER HOSENTASCHE.
AUS MEINEN STECKERN
UND DIVERSEN RUMLIEGENDEN
TEILEN KONNTE ER EINE
ART ADAPTAVORRICHTUNG
BAUEN. DANN KAM
PLÖTZLICH JEMAND. UND DANN
SIND DA DIESE MENSCHEN
ÜBER MICH HERGEFALLEN
WIE ZOMBIES ALS ALLE
NORMALEN LEUTE WEG
WAREN.

– WIE IST ES? NOCH DRÜCKIG?

– GERADE MEHR ZWACKIG

DIE NEUE NETFLIX-SERIE „WEBSITE" VON MAX KERSTING BELEUCHTET DIE ENSTEHUNGSGESCHICHTEN VON INTERNETSEITEN UND ZEIGT, DASS HINTER JEDER DOMAIN AUCH SCHICKSALE, TRAGIK UND VIEL MAGIE STECKEN KÖNNEN.

FOLGE 1 TRÄGT DEN TITEL AUTOHAUS-BERGER.DE UND ZEIGT WIE DAS PROJEKT „INTERNETSEITE" DAS LEBEN VON VIER MENSCHEN KOMPLETT VERÄNDERT.

DAS DIE SEITE ÜBERHAUPT JEMALS ONLINE GEGANGEN IST, KANN MAN AM ENDE DER FOLGE NUR NOCH FÜR EIN WUNDER HALTEN.

NACHTS ALS ER SCHLIEF
FIELEN SEINE AUGEN
IN SEINEN KOPF REIN.
ALS ER AUFWACHTE
KUGELTEN SEINE AUGÄPFEL
IN SEINEM KOPF RUM.
VON NUN AN MUSSTE
ER MIT DEM HERZEN SEHEN.
GANZE ZWEI TAGE HIELT
ER DAS AUS.

DANN

JA KEINE AHNUNG
WAS DANN ... IRGENDWAS
SCHRECKLICHES HALT

GELENKIG WIE ER WAR

~~DER~~ DIE KUGEL AUS
DEM REVOLVER FLOG
GENAU AUF SEINEN
KOPF ZU! SCHNELL
BOG TARZAN VON
DER TKKG BANDE
SEINEN GANZEN OBER-
KÖRPER NACH HINTEN,
ENTWICH SO DER
KUGEL UND TÖTETE
DEN SCHÜTZEN MIT
32 SCHLÄGEN UND
TRITTEN.

~~SIE WAR DUNKLER WIE BROT.~~
~~SIE WAR DEUTLICH DÜNNER~~
~~ALS ANDERE MÄDCHEN~~

SIE WAR EWE FISCHERIN
UND SIE HATTE SICH
NOCH NIE SO GEMOCHT.
GEGEN DIE UNGERECHTIG-
KEIT VORZUGEN WAR
DAS RICHTIGE. TROTZ DER
VELUSSTE UND ÄNGSTE.
SIE LIEBTE SICH DAFÜR.

RELATIV GUTE
ÜBERSETZUNG DES LIEDTEXTES
VON "EVERYDAY" VON ERIC PRYDZ
VOM ENGLISCHEN INS
DEUTSCHE:

Wenn jeder Tag so verläuft
Wie überleben wir?
Wir arbeiten ~~in der Nacht~~ Spät
~~Spät~~ in der Nachtschicht
Um die Sicherheit zu gewährleisten

IM MITTELALTER GAB ES DAS WORT "ZUKUNFT" NOCH NICHT.

WENN MAN SEINEN HUMPEN AUSGESOFFEN HATTE, HAT MAN IHN KAPUTT GEWORFEN ODER JEMANDEM ÜBER DIE RÜBE GEZOGEN.

17:02

SORRY, ICH HÖRE GERADE
VIEL ORGEL-MUSIK UND
HABE WENIG ZEIT
FÜR ANDERES

ICH MELDE MICH
WENN ICH WIEDER
MEHR ZEIT HABE

17:09

IST GUT, GIBT AUCH
NICHTS WICHTIGES

AM NACHMITTAG NOCH
HATTE ER MIT SEINER
MUTTER EINEN KUCHEN
MIT ZUCKERGUSS
GLASIERT

NACHTS HATTE ER
DANN EINEN SAMENERGUSS
ER PROBIERTE UND
SCHMECKTE ES SOFORT

DAS IST KEIN ZUCKERGUSS
DAS MUSS ETWAS
ANDERES SEIN

EINE MODEBEWUSSTE
PASSANTIN SIEHT SOFORT,
DASS DER BLACK BLADER
ZU SEINER SCHW. SKIMASKE UND SEINEN SCHW. SKATES
EINEN SCHWARZEN MANTEL
AUS DER SS2020
KOLLEKTION DES MÜNCHNER
LABELS „A KIND OF GUISE"
TRÄGT. EIN SEHR SCHÖNER
MANTEL. NICHT GERADE BILLIG.
BLACK BLADER MUSS WIRKLICH
SEHR SICHER AUF SEINEN
INLINESKATES SEIN. EIN STURZ
UND DER SCHÖNE MANTEL
WÄRE HINÜBER, DENKT SIE.

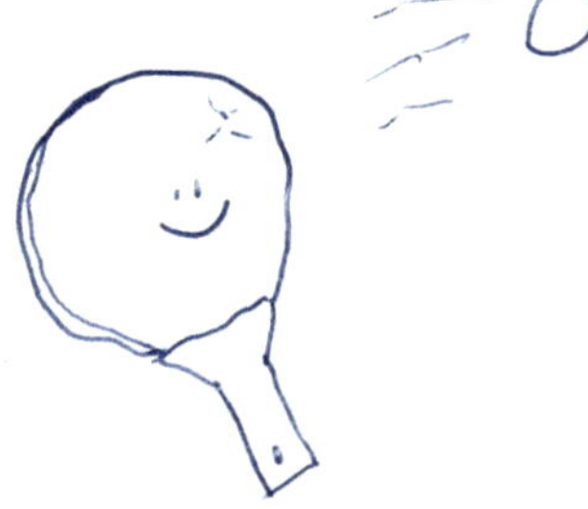

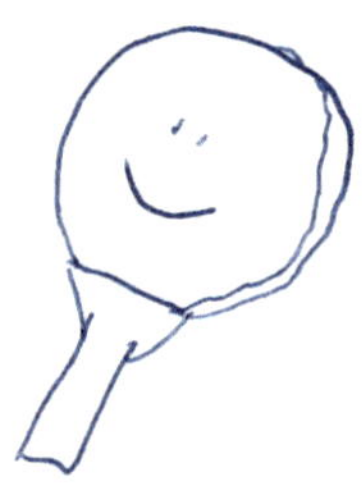

I NEVER WANNA
GO HOME

An einem sommerlichen Tag des Jahres 2004 kam Max Kersting leicht verkatert, mit viel Farbe und einem großen Pinsel, zum Erwitter Skatepark. In der Nacht zuvor wurde dort viel gebechert und zusammen mit dem Vorstand des Vereins einstimmig beschlossen, dass es eine gute Idee von Max Kersting ist, die Rampen des Parks (vorallem aber den großen Roll-In (ca. 4m hoch)) mit den Buchcovern aktueller Bestseller zu bemalen. Als es dann an die Bemalung ging (Max hatte bereits die Ärmel hochgekrempelt) wurde er jedoch zurückgepfiffen. Niemand vom Vorstand wollte sich mehr an den „Bemal-Beschluss" von letzter Nacht erinnern. Nach einem kleinen Handgemenge zwischen Lippstädtern und Erwittern wurde ein Kompromiss geschlossen und nur die kleinste Rampe des Skateparks mit Dan Browns Sakrileg bemalt.

WENN DU GLAUBST,
DU WIRST NACH DEM
TOD WIEDERGEBOREN,
WIRST DU WIEDERGEBOREN.

WENN DU GLAUBST, NACH
DEM TOD KOMMT NICHTS
MEHR, KOMMT DA NICHTS
MEHR.

DAS SIND DEINE
OPTIONEN.

FRISÖRIN: WAS KANN ICH FÜR DICH TUN?

ICH: ICH MÖCHTE AUF DEM KOPF AUSSEHEN WIE EIN KOMPLETTER IRRER

FRISÖRIN: DAS WIRD NICHT LEICHT, ABER ICH GEBE MEIN BESTES

ICH: DESWEGEN BIN ICH ZU DIR GEKOMMEN NICOLE

ES GIBT LEBEN AUF
ANDEREN PLANETEN

UNS

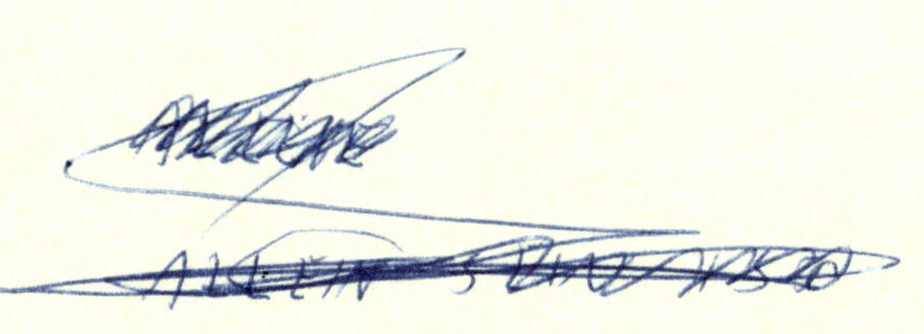

PHARAO NAPNATON ERWACHTE ERFRISCHT VON EINEM SEINER BERÜHMTEN POWER-NAPS, FÜR DIE ER VON SEINEM GANZEN VOLK VEREHRT WURDE. EXAKT 20 MIN. HATTE ER GEPENNT. DRAUSSEN WARTETEN BEREITS 1000ENDE UM IHN IN DER WELT DER WACHEN ZURÜCK ZU EMPFANGEN. HEUTE WAREN BESONDERS VIELE GEKOMMEN.

DANIEL RICHTER LIEGT
AUF ~~SEINER~~ EINEM TEPPICHE
UND HÖRT MUSIK. EIGENTLICH
MALT ER GERADE AN
GROSSEN BILDERN AUF
DENEN SPORTGERÄTE ZU
SEHEN SIND. EINS, DAS
EINEN STUFENBARREN ZEIGT
IST BEREITS BESONDERS GUT
GEWORDEN. SEIT 38
TAGEN LIEGT DANIEL ABER
WIE GESAGT NUR NOCH AUF
SEINEM TEPPICH UND HÖRT
MUSIK. ER KANN ES SICH
LEISTEN UND ES GEHÖRT AUCH
IRGENDWIE * ZU SEINEM IMAGE
MITTLERWEILE.

*EBENSO WIE SEINE ZWEI
LIEGEFAHRRÄDER

TO DO:

- VIEL SCHLAFEN
- SEHR VIEL ESSEN
- VIEL BEWEGEN
- BUCH ÜBER DROGEN IM DRITTEN REICH LESEN

KERSTINGS NEUESTES START-UP HAT EINE DICKE JACKE ZUM SCHLUCKEN ENTWICKELT. DU NIMMST EINE KAPSEL UND INNERHALB VON 2-3 MIN. WIRD DIR SO WARM, ALS OB DU EINE DICKE JACKE TRAGEN WÜRDEST. LEIDER KOSTET EINE KAPSEL AKTUELL NOCH 249 EURO, ALSO SO VIEL WIE EINE DICKE JACKE. AUSSERDEM HAT MAN NACH EINNAHME CA. 6 STD. QUASI EINE DICKE JACKE AN, DIE MAN NICHT AUSZIEHEN KANN.

ALS ICH SO 18 WAR, WAR
DAS SO MIT DEN ELTERN:
WENN SICH IHRE TOCHTER MIT
EINEM JUNGEN TRIFFT WAREN
SIE ALAMIERT, WENN SIE GEHÖRT
HABEN SEIN NAME IST MAX,
MAX KERSTING, HABEN SIE
GENÜSSLICH WEITER IHREN KAFFEE
GETRUNKEN UND WAREN GANZ
UNBESORGT UND FRÖHLICH.
ICH WEISS VON EINEM MÄDCHEN VON
FRÜHER, DIE HAT IHREN ELTERN
GESAGT, SIE ÜBERNACHTET BEI
MIR UND DAS WAR DANN KEIN
PROBLEM, DABEI HAT SIE BEI
K[illegible], K[illegible] H[illegible] ÜBERNACHTET
K[illegible] H[illegible] WAR ZU DEM
ZEITPUNKT DAS GEGENTEIL
VON MAX KERSTING.

~~[illegible]~~

SPIEL FÜR SCHLAG DEN RAAB ODER STAR:

MAN MUSS EINE OFFENE TÜR ZUSTUPSEN. BEI WEM SIE SICH AM LEISESTEN SCHLIESST MACHT EINEN PUNKT. WER KEIN BOCK MEHR HAT TRITT DIE TÜR MIT VOLLER WUCHT ZU.

PRESSEMITTEILUNG:

AM 1.12.17, GEGEN 14:15 UHR, VERLIESS DER KÜNSTLER MAX KERSTING SEIN BERLINER APPARTMENT UM EINER PERSON (WEIBLICH, 28), DIE AN DIESEM TAG IN KERSTINGS BETT SITZEND AN EINEM ROMAN ARBEITETE, EINEN BECHER CAPPUCCINO BEI EINEM SPÄTKAUF ZU KAUFEN. ÜBER DEN CAPPUCCINO FREUTE SICH DIE PERSON SEHR UND SIE DANKTE MAX K. NACH DEM ERSTEN SCHLUCK VON HERZEN FÜR DEN SERVICE. DANN STELLTE SIE DEN BECHER NEBEN SICH INS BETT UND BEIDE GINGEN WIEDER AN DIE ARBEIT. NUR WENIGE SEKUNDEN SPÄTER ERHIELT KERSTING EIN LUSTIGES BILD AUF SEINEM HANDY, DAS ER DER PERSON IN SEINEM BETT NICHT VORENTHALTEN WOLLTE. ALSO GING ER HASTIG ZU IHR, SETZTE SICH AUF DEN CAPPUCCINO UND ZEIGTE IHR DAS BILD.

~~Sie waren gestern~~

ACHT JUNGS WAREN GESTERN IN EINEM STRIP CLUB. FÜR EINEN WAR ES DAS ERSTE MAL, FÜR ALLE WAR ES LAHM. EINE STRIPPERIN IST AUF IHR GESICHT GEFALLEN, DASS WAR DAS BESTE. NAJA, WAS SCHREIBE ICH HIER "EINE", ES GAB NUR EINE.

DIE WEIBLICHE
WÄRME IM WOHNBEREICH
FEHLT SEBASTIAN.
DESWEGEN STEHT ER
JETZT HIER BEIM
SCHEUNENFEST. ER IST
AN KRISTIN INTERESSIERT.
SIE HAT ALS EINZIGE IHRE
ELTERN MITGEBRACHT. SIE
LIEBT HUNDE UND HAT
SECHS. CAROLIN IST
AUCH NICHT SCHLECHT.
SIE HAT NUR EINEN HUND
UND DICKERE DINGER
ALS KRISTIN. EIGENTLICH
STEHT SEBASTIAN JA AUF
DICKE DINGER UND
MÖGLICHST WENIG HUNDE.
TROTZDEM IST KRISTIN IRGENDWIE
BESSER. DESHALB NIMMT ER
SIE. AUCH UM IHRE ELTERN ZUFRIEDEN
ZU SEHEN.

REGENWURMTEILUNG

WIR NAHMEN EINEN
REGENWURM AUS
DEM GARTEN
NORMALE GRÖSSE

DU NAHMST DAS EINE
ENDE IN DEN MUND, ICH
DAS ANDERE.

DANN ASSEN WIR IHN WIE
SUSIE UND STROLCH BIS
SICH UNSERE MÜNDER IN
DER MITTE ZUM KUSS
TRAFFEN
DU HAST VIEL MEHR VOM WURM
GEGESSEN
ABER DAS IST OK
DENN ICH MAG DICH SEHR

ER RENNT ZUR ARBEIT UND
NACH DER ARBEIT RENNT
ER ZURÜCK NACH HAUSE.
ZUHAUSE BEMERKT ER, DASS
ER AUF DER ARBEIT ETWAS
VERGESSEN HAT. ALSO RENNT
ER ZURÜCK ZUR ARBEIT
UND VON DER ARBEIT RENNT
ER WIEDER NACH
HAUSE. DANN RENNT ER
ZUSAMMEN MIT SEINER
FRAU INS KINO UND NACH DEM
FILM RENNEN SIE BEIDE INS
BETT.

HAT 'NE IMBISS BUDE
IN BOCHUM

WIEGT 150 KG UND IST
KNAPP ÜBER 50

KEINE FRAU UND
HÖLLEN EINSAM

EIN PAAR RUMÄNEN
DIE ER KENNT SAGEN,
ER SOLL MIT NACH
RUMÄNIEN KOMMEN DESWEGEN

ER KOMMT MIT UND
KLAPPT

SOFORT MIT EINER FRAU
IN RUMÄNIEN UND AUCH
DIREKT HOCHZEIT

10 MIN. NACH'M JA-WORT
FÄLLT ER VOR GLÜCK TOD UM

SIE HATTE SELBER KEINE KINDER. JETZT MIT 62 WÜNSCHTE SIE SICH DOCH WELCHE. SIE SCHRIEB ALSO EIN BUCH IN DEM SIE SICH VORSTELLTE, WIE ES GEWESEN WÄRE, DOCH KINDER GEHABT ZU HABEN.

IHR BUCH WURDE EIN INTERNATIONALER BESTSELLER, WEIL SIE ES SICH SO SCHÖN VORGESTELLT HATTE.

Sie geht nicht hin

Während ihre Brüder noch mit
den Hausaufgaben kämpfen
und mit Sicherheit verlieren
sitzt sie bereits in der Sonne
und weiß: ihre Brüder sind
Idioten, ihre Eltern sind Idioten,
an der Schule – Lehrer wie
Eltern, an der Uni – Studenten
wie Brüder.
Sie geht nicht hin.
Sie bringt sich alles selbst bei.
Ich finde sie gut.

TAGSÜBER BLEIBT ROBIN
IN SEINEM SESSEL. ER KOMMT
EINFACH NICHT MEHR HOCH.
SEINE BEINE WOLLEN NICHT.
NACHTS SIEHT DAS HINGEGEN GANZ
ANDERS AUS.
DA ZWINGEN IHN SEINE BEINE
FÖRMLICH DAZU AKTIV ZU
WERDEN UND DURCHS DORF
ZU STREIFEN. IST DIE
KRAFT DES MONDES, HAT MIR
ROBIN LETZTENS ERZÄHLT.

OSTERSONNTAG

DIE NACHBARN HATTEN GROSS MIT KREIDE „DER HERR IST AUFERSTANDEN" AUF IHREN TEIL DES BÜRGERSTEIGS GESCHRIEBEN.

HEUTE FÜHLTE ER SICH BESONDERS UNGELIEBT. TROTZDEM PUTZTE ER SEINE ZÄHNE. ER SAH IN SEIN WASCHBECKEN: ALLES VOLLER ZAHNPASTA, SEIFENRESTE UND HAAREN. ER MACHTE DEN WASSERHAHN AUF UND MUSSTE FESTSTELLEN: DER GANZE DRECK IM BECKEN LIES DAS WASSER SO ABLAUFEN, DASS SICH EIN PERFEKTES HERZ ERGAB

IN DEM FALL RATE ICH
DIR FOLGENDES:

DU HÄLST DEINEN
LINKEN ARM ANGEWINKELT
VOR DICH. SO DASS DU
WIE EINE ART MENSCHLICHER
HANDTUCHHALTER AUSSIEHST.
DANN KNALLST DU MIT
VOLLER WUCHT DEINEN
RECHTEN UNTERARM UNTER
DEINEN LINKEN UNTERARM*
BALLST MIT DER RECHTEN
HAND MIT GANZER KRAFT EINE
FAUST UND
NEIGST DANN DEIN HAND-
GELENK ZU DIR HIN.
WENN ES SICH NICHT MEHR
WEITER NEIGEN LÄSST ERHEBST
DU NUR DEINEN MITTLEREN
FINGER AUS DER FAUST.
VOILA!

* DIE UNTERSEITE AN UNTERSEITE
ALSO DIE WEICHERE SEITE

IN DER ACHTERBAHN

HEUTE STECKEN
20 GÄSTE DER ACHTER-
BAHN IM LOOPING
ÜBERKOPF FEST. SEIT
20 MIN IST DIE FEUER-
WEHR BEREITS AM
RUMTÜFFTELN. EINIGE
FAHRGÄSTE FINDEN
ES NOCH LUSTIG, ANDERE
WERDEN SICH NIE
WIEDER VON DIESEM
ERLEBNIS ERHOLEN.
EINER NURT DIE ZEIT
ZUM MASTUBIEREN

ANFANG FÜR 1 HORRORFILM

MANUELA SCROLLT DURCH IHRE PHOTOS AUF IHREM IPHONE, EINFACH NUR SO UM EIN BISSCHEN ZU GUCKEN. PLÖTZLICH IST DA EIN BILD, DAS SIE NICHT KENNT.

ANFANG FÜR NOCH 1 HORRORFILM

EIN BERLINER HIPSTER-PÄRCHEN MACHT EINE TANDEM-TOUR DURCH NRW. EIN UNWETTER ZIEHT AUF UND SIE FINDEN IN EINER SCHEUNE AM WEGESRAND UNTERSCHLUPF. IN DER SCHEUNE LIEGT STROH UND AUF IHRER GEMEINSAMEN BUCKET-LIST STEHT "SEX AUF STROH HABEN". SIE NEHMEN DIE GELEGENHEIT WAR. DAS GEWITTER UND DER SEX SIND UNGLAUBLICH. PLÖTZLICH HÖHREN SIE SCHREIE.

SCHLAFANZUGISIERUNG ABGESCHLOSSEN

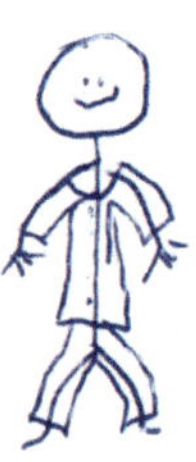

HAB' MIR IN SO 'NEM CO-WORKING-SPACE
IN BERLIN, ALLES VOLLER KREATIVER,
NEN TISCH GEMIETET

HAB MIR AUCH NE GELDZÄHL-
MASCHINE BESORGT UND SIE
AUF DEN TISCH GESTELLT

BIN DANN JEDEN TAG HIN

IMMER UM 15:30

UND HABE GELD GEZÄHLT

SO NE STUNDE LANG

24.12.2022

IN DEN BUNKERN UNTER EUROPA IST ES HEUTE STILL. WEIL WEIHNACHTEN IST, HABEN SICH 100.000 US-SOLDATEN MIT DEN ECHSEN-ARMEEN AUF EINE 24 STÜNDIGE WAFFENRUHE GEEINIGT. BEIDE LAGER GENIESSEN DIE RUHE, BEVOR SIE MORGEN WIEDER VON IHREN CHEFS ZUM KAMPF ANGEPEITSCHT WERDEN. NUR DER VEGAN-KOCH STAR ATTILA HILDMANN, DER SICH IM SOMMER 2020 DER US-SOLDATENTRUPPE "KILL BILL" ANGESCHLOSSEN HATTE, KOMMT NICHT ZUR RUHE. ER WETZT SEINE ZWEI SAMURAI SCHWERTER AN EINEM SCHLEIFSTEIN, WÄHREND ER UNVERSTÄNDLICHES MURMELT.

AUFGEWACHSEN BIN ICH MIT TIPPS WIE: „STELL DIR DEN WECKER AUF 6:59 STATT AUF 7:00. DAS IST PSYCHOLOGISCH VIEL BESSER."

WITZ:

KOMMT EINE AMEISE ZUM ARZT

IST DER ARZT EIN AMEISENBÄR

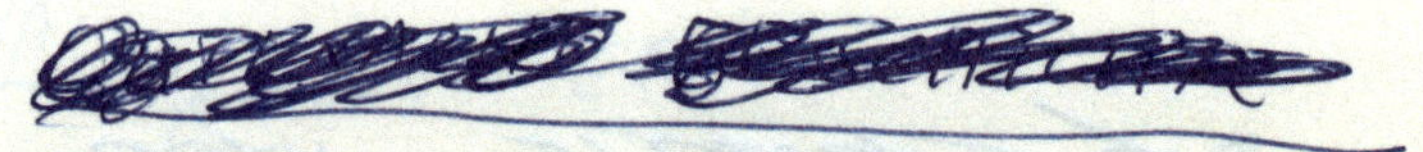

ABENDS MUSST DU IHN ESSEN
ER SCHLÄFT DANN IN DIR

MORGENS KOMMT ER
DANN
WIEDER RAUS UND
SPIELT MIT DIR

IRGENDWANN HAST DU
DANN KEINE ZEIT MEHR
FÜR IHN
UND ER WILL DANN NUR
NOCH IN DIR SCHLAFEN

UND DAS MACHT ER
DANN AUCH

DER BIERDECKEL
DEN DU MIR ZUSTECKTEST
ENTHIELT DEINE NUMMER.

ICH HABE MICH
VERWÄHLT.

DIE FRAU AM ANDEREN
ENDE HAT MEIN LEBEN
VERÄNDERT.

ICH SITZE JETZT IM
ROLLSTUHL

SIE KAMEN VON
EINER SEHR GUTEN PARTY
UND STAPFTEN GLÜCKLICH IM
~~MORGENGRAUEN~~ MORGENTAU
ÜBER DIE FELDER
HEIMWÄRTS. PLÖTZLICH
SAHEN SIE IN DER FERNE
ETWAS. MITTEN AUF EINEM
FELD WAR ETWAS SCHWARZES.
ES SCHIEN SICH ZU BEWEGEN,
KLAR WAR ES ABER NICHT.
LUFT WAR IN BEWEGUNG,
DASS KONNTEN SIE JETZT
HÖREN. ALSO BEWEGTE ES
SICH, SOGAR SCHNELL.
UND ES ZOG SIE AN. DANN
SAHEN SIE WAS ES WAR: IRGEND-
JEMAND HATTE DAS KIRMES-
KARUSSEL "BREAK DANCE" KOMPLETT
MATT SCHWARZ LACKIERT UND
HIER AUF EINER WIESE ~~IN BETRIEB~~
AUFGEBAUT UND IN
BETRIEB GENOMMEN.

LA SUA SVEGLIA SUONA ALLE 6 DEL MATTINO. PRIMA TIRA L'OLIO PER 15 MINUTI, POI SI LAVA I DENTI, USA ANCHE IL FILO INTERDENTALE E POI SI FA LA DOCCIA. POI BEVE UN ESPRESSO E PRENDE UN'INSALATA DI FRUTTA CON IL GIORNALE. PRIMA DI USCIRE DI CASA, SI GUARDA UN'ULTIMA VOLTA ALLO SPECCHIO. POI VA IN BICICLETTA FINO A PIAZZA MAGGIORE E URLA ALLA GENTE IN PIAZZA CON QUALCHE SCIOCCHEZZA FINO A TARDA NOTTE. SPESSO NON RIESCE NEMMENO A TROVARE UNA VIA D'USCITA. POI SALE IN BICICLETTA E VUOLE DAVVERO ANDARE A CASA, MA POI SI GIRA DI NUOVO E URLA UN PO' DI PIÙ. QUESTO PUÒ ESSERE RIPETUTO QUATTRO O CINQUE VOLTE.

SI PRENDE LA DOMENICA LIBERA E VA IN CAMPAGNA.

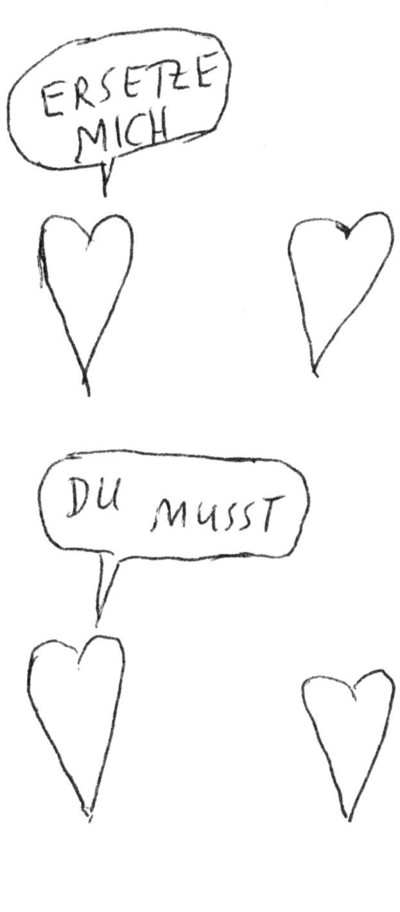

ICH WEISS

HALT DICH AN DIE
REGELN UND ZAHL
DEINE STEUERN!
ICH MUSS BEIDES
NICHT, ABER SO IST
DAS HALT. DAS
MIT DEINEM
HASEN TUT MIR
ÜBRIGENS LEID. MELD
DICH WENN ICH WAS
FÜR DICH TUN KANN
MEIN LIEBER.

„KOMMISSARIN KRIBBEL WAR KALT."

MIT DIESEM SATZ STARTET DIE KRIMI BUCHREIHE KOMMISSARIN KRIBBEL VON JULIA SCHUBERT UND MAX K. BIS JETZT ERSCHIENEN SIND FÜNF BÄNDE WOBEI DER 1. UND 5. BAND VON DEN LESERN UND DER PRESSE EINHEITLICH ALS AM STÄRKSTEN GESEHEN WERDEN. LIEBSTER NEBENCHARAKTER IST HERBERT PFENNIG VON DER POLIZEI FRIEDBERG.

ALLE BÄNDE IN DER ÜBERSICHT:

1. KOMMISSARIN KRIBBEL (KRIBBELS ERSTER FALL)
2. KRIBBEL UND DER KARIERTE KOFFER
3. KRIBBELN IM MORGENGRAUEN
4. KRIBBEL AUF ABWEGEN
5. KRIBBEL BEGINS

AN EINEM RELATIV SCHÖNEN SEE MITTEN IN DEUTSCHLAND.

EINE JUNGE FRAU WEISST ZWEI JUGENDLICHE DARAUF HIN, IHREN MÜLL NICH EINFACH IN DIE GEGEND ZU WERFEN. DIE JUNGS BESCHIMPFEN DIE FRAU ALS FOTZE UND SAGEN, SIE SOLL „FRESSE" HALTEN. EINER SCHNIPPT EINE EISVERPACKUNG NACH IHR. DA TAUCHT AUS DEM SEE EINE ART AQUAMAN AUF UND SCHLÄGT DIE BEIDEN JUNGS INNERHALB VON SEKUNDEN KRANKENHAUSREIF. DANN VERSCHWINDET ER, NICHT OHNE DER JUNGEN FRAU ZUZUZWINKERN, WIEDER IM SEE.

ER WAR GERNE AM SKATEPARK,
AUCH WENN ES IMMER AUCH
MIT ANGST
~~VOR EINEM JAHR~~ VERBUNDEN
WAR. VOR GENAU EINEM JAHR
WAREN ZWEI GROSSE JUNGS
AUF BMX-RÄDERN AM PARK
AUFGETAUCHT UND EINER VON
IHNEN (DER BULLIGERE, HÄSSLICHERE)
KAM PLÖTZLICH ~~ZU~~ IHM HOCH AUF DIE
MINIRAMP UND SAGTE
"HI!" UND STRECKTE IHM LÄCHELND SEINE
HAND ENTGEGEN. BIS JETZT
HATTE NIEMAND ZU IHM "HI!" AM PARK
GESAGT
UND ER FREUTE SICH. DANN
PACKTE SICH DIE GROSSE WEISSE HAND
SEINE KLEINE SCHWARZE UND
QUETSCHTE SIE WIE EIN SCHRAUBSTOCK.

BRITNEY SPEARS UND
WERNER HERZOG, MEHR
MENSCHEN BRAUCHT
INGA NICHT IN IHREM
LEBEN. ALLE ANDEREN
MENSCHEN MÜSSTEN SOGAR
ENTFERNT WERDEN.
WÄRE SIE NUR NICHT
IN DIESER SCHEISS
ZELLE, SIE WÜRDE
JETZT SOFORT
LOSLEGEN.

ALS JUNGE
LITT ICH UNTER EINER
KOMISCHEN ZWANGS-
NEUROSE. NUR
MEIN BRUDER UND MEINE
ELTERN WISSEN WAS ICH GENAU
GEMACHT HABE. DAS GING
FAST EIN GANZES JAHR
SO ALS ICH ETWA 14 WAR.
ICH HABE STERNE GEKÜSST.
MEINE MUTTER IST MIR
IRGENDWANN MAL HINTERHER
GEFAHREN. ALSO HEIMLICH …
DA HAT SIE MICH
DANN GESEHEN UND ICH
HABE ES IHR ERZÄHLT.

IM NAMEN DES VATERS UND DES SOHNES UND DES HEILIGEN GEISTES. BADEHOSE.

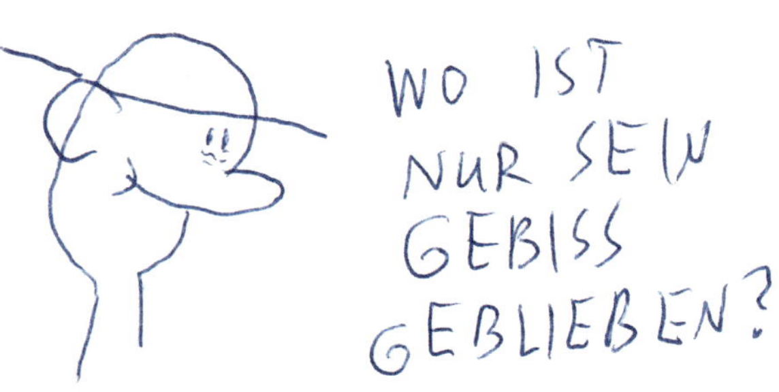

AH! DIE KATZE HAT ES

ABER SIE GIBT ES NATÜRLICH SOFORT ZURÜCK

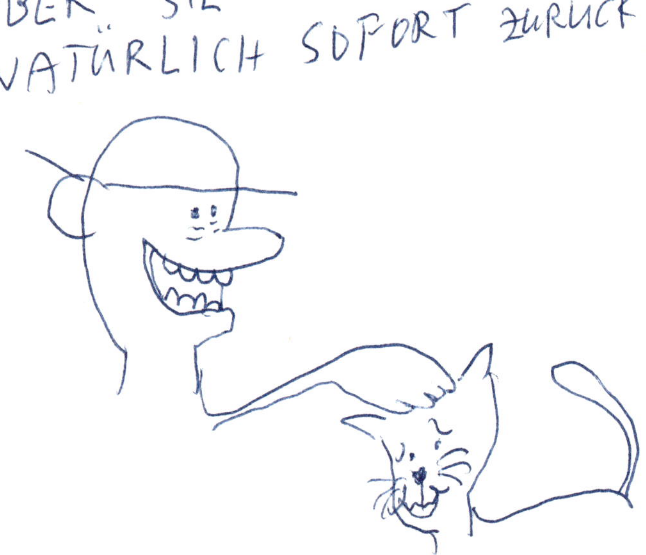

HEUTE FRÜH WAREN WIR
SCHON IN WETZLAR. (ZAHN-
REINIGUNG VON JULIA).

AM NACHMITTAG HABE ICH SCHWERES
HEIMWEH BEKOMMEN. DESHALB
SIND WIR DANN ZUM BIOMARKT
IN BAD NAUHEIM. GLEICH
GIBT ES LINSEN BOLOGNESE.

ICH MELDE MICH NOCHMAL SPÄTER.

45

PRESSEMITTEILUNG

LIPPSTADT, DEN
3. JULI 2019

AM MORGEN DES 3. JULI 2019 (EIN MITTWOCH) GEGEN 7:45, WURDE DER HOUSESITTER MAX KERSTING VON DEM GERÄUSCH EINER MÜLLABFUHR AUS DEM SCHLAF GERISSEN. KERSTING DACHTE SOFORT „MIST, TONNE RAUSSTELLEN VERGESSEN" UND RANNTE VON SEINER DACHKAMMER IM 3. STOCK, IM SCHLAFANZUG GEKLEIDET, RAUS UM SCHNELL DIE TONNE ZU HOLEN UND SIE DEM MÜLLMANN HINTERHER ZU ROLLEN. DIE TONNE WURDE DANN VON EINEM GRINSENDEN MÜLLMANN (DER SCHLAFANZUG WAR ALT MIT HASEN DRAUF) ENTGEGENGENOMMEN UND GELEERT. AN SEINEM GÜRTEL LIEF TECHNO. DANN IST KERSTING WIEDER HOCH INS BETT. KAUM LAG ER WIEDER, HÖRTE ER WIEDER MÜLLABFUHRARTIGES UND ES SCHOSS IHM IN DEN KOPF: ALS ER EBEN DRAUSSEN WAR, WAREN ÜBERALL GELBE SÄCKE ZU SEHEN. ALSO WIEDER SCHNELL RUNTER, SÄCKE AUS SCHUPPEN HOLEN UND VOR DIE HAUSTÜR DAMIT, WO SIE IHM EIN JUNGE DIREKT ABGENOMMEN HAT.

JULIAN ASSANGE HAT
VON RITA (EINE ANGESTELLTE
IM GEFÄNGNIS IN LONDON)
EIN FREUNDEBUCH
BEKOMMEN, IN DAS ER
REINSCHREIBEN UND EIN
FOTO VON SICH KLEBEN
SOLL.
IN DAS
KÄSTCHEN FÜR DAS FOTO
SCHREIBT
ER „DU KENNST MICH JA"
BEI „LIEBLINGSFARBE" MUSS
ER LÄNGER
ÜBERLEGEN.

ACHTUNG!

IM FALL EINER KATASTROPHE
BEKOMMT JEDER BERLINER
27 KINDER SCHOKOBONS.
DIE SCHOKOBONS SIND
KOSTENLOS UND KÖNNEN
AN SPEZIEL EINGERICHTETEN
ABHOLSTATIONEN
ENTGEGENGENOMMEN
WERDEN. KREUZBERG
UND FRIEDRICHSHAIN
TEILEN SICH IM ERNSTFALL
EINE STATION.
BITTE ZÄHLEN SIE DIREKT NACH
ERHALTEN DER BONS DIE
ANZAHL AB.

BUCHIDEE

VOM EMPFINDLICHEN
VÖGEL ZUM STOLZEN
ADLER

VON MAX K.

EIN GESCHENKBUCH FÜR ALLE
EMPFINDLICHEN VÖGEL*INNEN
AB 16

EIN BUCH, DAS ALLES
VEREINT, WAS MAX K.
INTERESSIERT

* DESIGN, ILLUSTRATION,
SCHREIBEN, FOTOS,
INTERVIEWS

* ÜBER: ALKOHOL, VEGANES
ESSEN, TEE/KAFFEE,
YOGA, LAUFEN, MEDITATION,
ÄNGSTE & PANIK,
MANAGMENT, AKTIEN,
LEBEN, LIEBE
& PARTNERSCHAFT

MIT GASTBEITRÄGEN VON NADINE REDLICH
UND ANNA HAIFISCH

PRESSEMITTEILUNG:

IN DER NACHT VOM 1. AUF DEN 2. MAI 2015 WURDE DER AUTOR DES RELATIV BELIEBTEN ROMANS "DREI UNBESCHWERTE TAGE" (AMAZON: 4,6 STERNE - 13 BEWERTUNGEN) NACH ENORM VIEL BIER AUS PLASTIKBECHERN BEIM SCHLÜSSEL IN DIE HAUSTÜR SEINER BERLINER ADRESSE STECKEN, VON IRGENDEINEM TYPEN 2X INS GESICHT UND 1X IN DEN BAUCH GESCHLAGEN. VERMUTLICH ALLES OHNE GRUND. DER KATER DES AUTORS WAR AM NÄCHSTEN TAG DANN SO SCHLIMM, DASS DIE SCHLÄGE GAR NICHT MEHR SO WILD WAREN UND DAS GANZE EHER ABGERUNDET HABEN. DEM GEBOXTEN GEHT ES NACH 4 TAGEN KATER MIT WAHNVORSTELLUNGEN WIEDER GUT. DAMIT SOETWAS NICHT NOCHMAL PASSIERT WURDEN VORSÄTZE GEFASST.

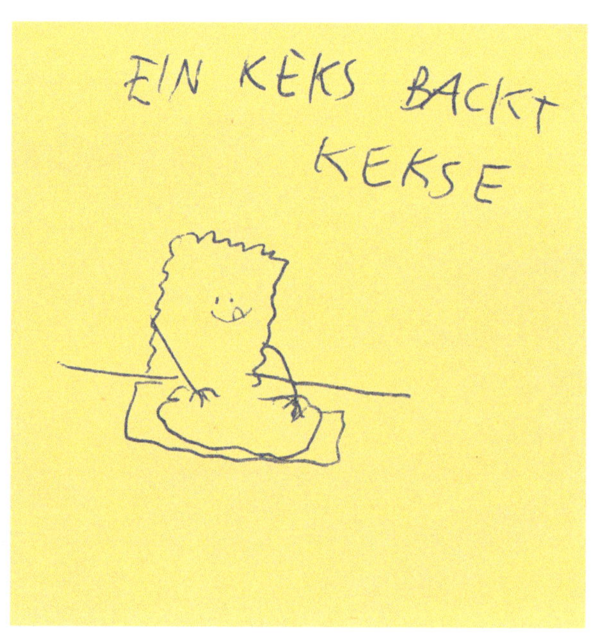
EIN KÈKS BACKT
KEKSE

NEBEN EISVERKÄUFERINNEN
MAG ICH NOCH AM LIEBSTEN
KANNINCHENRATGEBERINNEN.
HIMMELBLAUES VERWASCHENES
T-SHIRT IN HELLE JEANS
GESTECKT MIT ZWEI KANNINCHEN
AUF DEM ARM AN IHREN
LANGEN BRAUNEN HAAREN
AM MÜMMELN DIE
KANNINCHEN

EISTEEE-TAGE SIND
DIE SCHÖNSTEN TAGE

UND EISTEEE-NÄCHTE
SIND DIE SCHÖNSTEN NÄCHTE

UND EISTEEE-TAGE
MIT DIR SIND DIE
ALLERSCHÖNSTEN TAGE

UND EISTEEE-NÄCHTE
MIT DIR SIND DIE
ALLERSCHÖNSTEN NÄCHTE

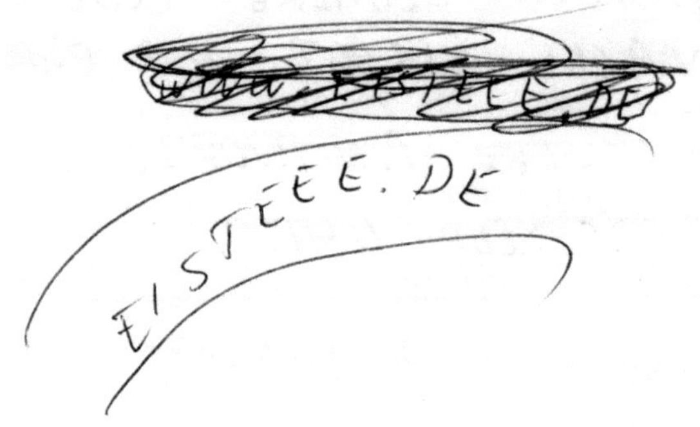

HASTIG SCHAUTE SIE DIE ZEITUNG DURCH UND HOFFTE, KEINE MELDUNG ZU FINDEN. DOCH DA WAR SIE. ALLES ZOG SICH KURZ EINMAL IN IHR ZUSAMMEN. DER BEITRAG WAR SOGAR MIT BILD. IMMERHIN SAH SIE GUT DARAUF AUS. WIRKLICH WIE EIN ENGEL SATANS. SIE NAHM EINEN STIFT AUS IHREM ETUI UND MALTE SICH SELBST EIN PAAR TEUFELSHÖRNCHEN. GUT WÜRDE DIE NÄCHSTE ZEIT WOHL NICHT WERDEN.

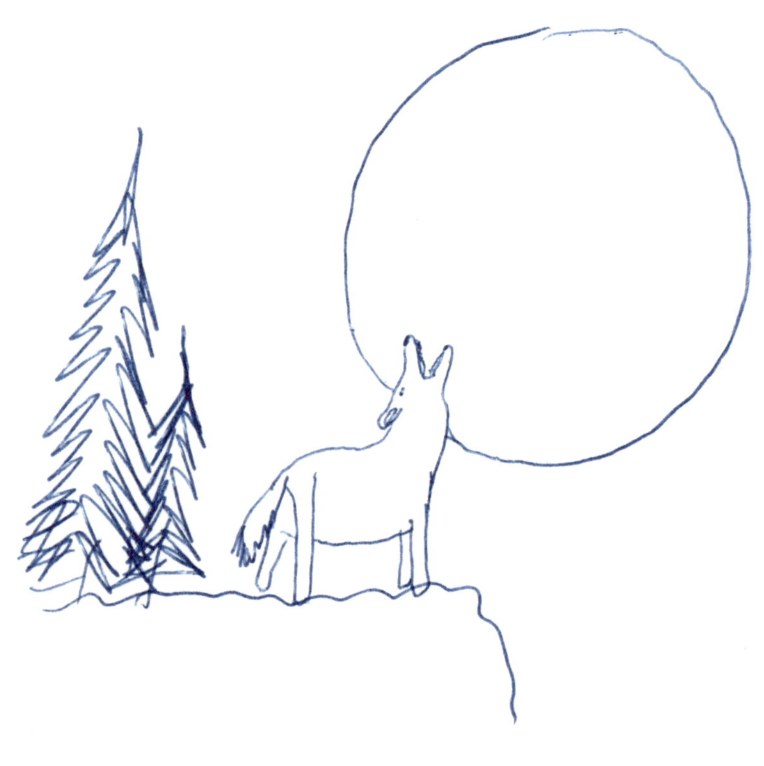

ORDERS PIZZA

ICH GLAUBE ES LIEGT NOCH ETWAS ANDERE ZEIT VOR UNS.

ICH MUSS NOCH MEHR ZUM KONSUL WERDEN UND DU ZU EINEM SHIMANO-INDEX-SYSTEM.

PARTY-DJ OLIVER KAHN war ein Party-DJ aus Lippstadt, der Geburtsstadt von Karl-Heinz Rummenigge und Matthias "Matze" Knop. Sein einziges Album "Alles ist OK" von 2008, welches er komplett selbst geschrieben und produziert hat, gilt heute als erstes Underground Album der Mallorca-Partyszene. Kurz nach erscheinen des Albums verschwand Party-DJ Oliver Kahn allerdings, verängstigt von dem anstehenden Ruhm, ins private und er ging wieder seiner gelernten Arbeit und wahren Leidenschaft (der Werbegrafik) nach. Trotzdem erfrischen seine Songs noch heute die Ballermanns weltweit.

WAS MEINST DU? KÖNNTE
ES EIN GUTER TEXT WERDEN
IN DEM ICH DARÜBER
SCHREIBE WIE FRANK
ZANDER EINE NEUE ... SO EINE
CD AUFNIMMT MIT EINEM
GEBURTSTAGSLIED DIE
DANN PERSONALISIERT WIRD...
WEISST DU WAS ICH MEINE?
DU KANNST DANN BEI DER
BESTELLUNG EINEN
NAMEN ANGEBEN UND
AUF DER CD SINGT FRANK ZANDER
DANN EIN GEBURTSTAGSLIED
MIT DIESEM NAMEN. IN
DEM TEXT DEN ICH PLANE MUSS SICH FRANK
ZANDER AUF JEDEN FALL
PLÖTZLICH ÜBERGEBEN, ALS
ER DEN NAMEN
REINHOLD EINSINGT.
WAS MEINST DU?

DU MACHTEST MIR
WUNDERSCHÖNE DREADLOCKS
IN MEINE HAARE.

ZWEI MONATE SIND SEIT-
DEM VERRONNEN.

DIE DREADS DUFTEN
NOCH IMMER NACH DIR.

HEUTE BEGINNT DEINE
LEHRE ZUR BANKKAUFFRAU.

MEINE MUTTER RUFT
BEI EINER MITFAHRGELEGEN-
HEIT AN UND MACHT
SIE FÜR MICH KLAR. BEVOR
SIE AUFLEGT SAGT SIE NOCH,
DASS IHR SOHN (ALSO ICH)
TAUBSTUMM IST. ICH WERDE
ZU EINEM AUTOBAHN RASTHOF
GEBRACHT UND VON DER
MFG EINGESACKT. ICH
SITZE VORNE. DIE FAHRERIN
IST SEHR NETT UND SCHAUT
ALLE PAAR KILOMETER KURZ
ZU MIR RÜBER.
ICH LÄCHLE DANN STUMM
UND DANKBAR. NACH
320 KM, KURZ VORM
ZIEL, FRAGE ICH AUS HEITEREM
HIMMEL, WIE LANG NOCH?

– ICH GLAUBE ECHT, DIE LEUTE CHECKEN SO LANGSAM DIE ZUSAMMENHÄNGE

– QUATSCH, NICHTS CHECKEN DIE. NICHT DIE BOHNE CHECKEN DIE IRGENDWAS

– JA, GUT, KANN SEIN

– JETZT LASS UNS WEITERMACHEN UND SPÄTER EINEN TRINKEN GEHEN.

– KLAR BOSS. DEIN WILLE GESCHEHE

– DU ZAHLST DIE RECHNUNG.

– GEHT KLAR BOSS.

FRANKFURT, MITTWOCH DER 16.5.2018

DER SCHRIFTSTELLER CHRISTIAN KRACHT ERWACHT IN EINEM HOTELZIMMER. ER IST SCHWER VERKATERT, DIE VERGANGENE NACHT MIT FREUNDEN UND FANS WAR LANG. DURCH VERQUOLLENE AUGEN SCHAUT ER SICH IM RAUM UM UND WILL NUR NOCH WEG, WIEDER NACH L.A. MIT SCHWITZIGEN HÄNDEN GREIFT ER IN DIE TASCHE SEINER GRÜNEN BARBOUR-JACKE (JA, ER IST GESTERN MIT JACKE AN EINGESCHLAFEN) UND FISCHT EINE THOMAPYRIN (DIE IHM GESTERN EIN FAN (ICH) ANS HERZ GELEGT UND IN DIE JACKENTASCHE GESTECKT HAT) HERRAUS. CHRISTIAN SCHLUCKT DIE TABLETTE OHNE WASSER. 30 MIN. SPÄTER MUSS ER 3X AUFSTOSSEN. BEIM ERSTEN AUFSTOSSEN FÜHLT ER SICH ETWAS ERLEICHTERT, BEIM ZWEITEN SCHON DEUTLICH BESSER UND BEIM 3. MAL WIE NEU GEBOREN.

MIT EINEM KIND AUF DEM ARM UND EINEM AN DER HAND KOMMT SEBASTIAN HASLAUER INS BERLINER BÜRO VON HATJE CANTZ UND FRAGT LAUT, WANN DAS BUCH VON MAX KERSTING ERSCHEINT!? DANN GREIFT ER BEI EINEM STAPEL STEFAN MARX NOTIZ-BÜCHER ZU UND SAGT, DAVON NEHME ICH FÜNF! UND GEHT, NICHT OHNE MIT DER TÜR ZU KNALLEN.

ER LEBTE ZUM ZWEITEN MAL, UND ER MACHTE NUR WENIGE FEHLER AUS SEINEM ERSTEN LEBEN ERNEUT. HAUPTSÄCHLICH KLEINE FEHLER: DAS MESSER NACH SCHMIEREN EINES NUTELLA-BROTES SOFORT IN DIE SPÜHLE ZU LEGEN OBWOHL ER SICH IMMER NOCH EIN ZWEITES SCHMIERT

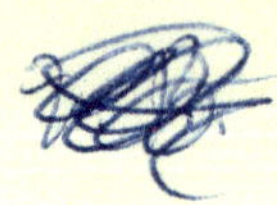

IM SCHLAFSAAL

ALLE SCHLAFEN,
NIEMAND IST MEHR
WACH.
NUN SCHLAF AUCH DU.
ES IST DAS BESTE FÜR
DICH

DANKE

JULIA, DANJA, SIMON,
STEFANIE, LEO, NICOLA,
FRITZ, LASEA®

OHNE EUCH WÄRE
ALLES UNMÖGLICH
GEWESEN

NOW WE CAN
GO HOME

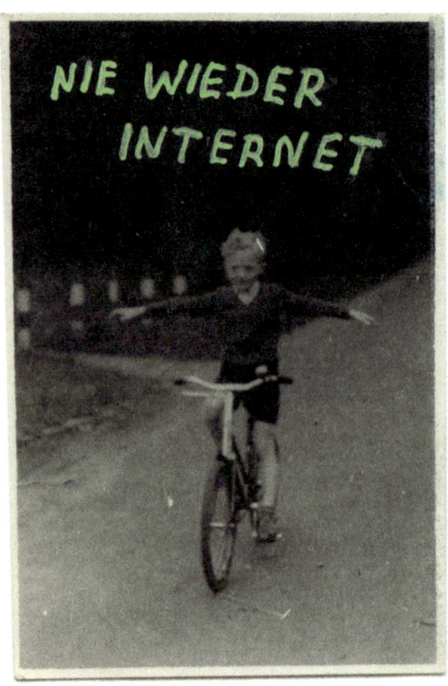

Max Kersting, Jahrgang 1983, mit TKKG, Inlineskating und Zwangsstörungen in Lippstadt aufgewachsen, hat in Düsseldorf Design studiert, ist anschließend in Berlin als Werbetexter verzweifelt und fand erst 2011 mit seinen freien Arbeiten zu Mut und Freude zurück. Bekannt ist er seitdem hauptsächlich dafür, alte Fotos mit einer raffinierten Gedankenübermalung zu versehen. Kersting lebt und arbeitet in Berlin.

Fritz Habekuß ist 1990 geboren und in Lindenberg in der Prignitz aufgewachsen. Lindenberg hat 220 Einwohner, zwei davon sind seine Eltern, und auch den Rest kennt er bis heute persönlich. Habekuß arbeitet seit 2013 bei DIE ZEIT, wo er über das Verhältnis von Mensch und Natur schreibt. 2020 erschien sein Sachbuch "ÜBER LEBEN – Wie wir die Ökokrise überwinden" im Penguin Verlag (zusammen mit Dirk Steffens), das mehrere Monate auf der Spiegel-Bestsellerliste stand. Er war noch nie in Lippstadt.

Impressum

Projektmanagement
Leo Sprüth

Grafische Gestaltung
Simon Störk

Verlagsherstellung
Stefanie Kruszyk

Druck und Bindung
Livonia Print, Riga

Papier
115 g/m² Munken Print White 1.8

Erschienen im
Hatje Cantz Verlag GmbH
Mommsenstraße 27
10629 Berlin
www.hatjecantz.de
Ein Unternehmen der
Ganske Verlagsgruppe

ISBN 978-3-7757-4788-2

Printed in Latvia